U0655275

《ZHONGYONG》
TONGJIE

《中庸》通解

时代出版传媒股份有限公司
安徽文艺出版社

杨朝明　杨传召◎著

作者简介：

　　杨朝明，中国孔子研究院院长、博士生导师。任国际儒学联合会副理事长、山东孔子学会副会长兼秘书长、中国孔子基金会学术委员和《孔子研究》编委、山东周易学会副会长、山东历史学会副会长、中国诗经学会常务理事等。现为山东省政协常委。已出版《论语诠解》《孔子家语通解》等学术著作20余部，多次应邀赴韩国、日本、欧洲、南美洲及我国港台地区讲学，弘扬中国传统文化。

　　杨传召，山东曲阜人，首都师范大学中国文化经典教育专业博士。在《文学遗产》、《中国古典文学研究》（日）等刊物发表论文多篇，作品有《其争也君子：论孔子的"武德"观》等。

品经
读典

《中庸》通解

杨朝明　杨传召 ◎著

时代出版传媒股份有限公司
安徽文艺出版社

图书在版编目（CIP）数据

《中庸》通解/杨朝明，杨传召著.—合肥：安徽文艺出版社，
2017.9（2020.6重印）

ISBN 978-7-5396-6152-0

Ⅰ．①中… Ⅱ．①杨… ②杨… Ⅲ．①儒家②《中庸》—研究

Ⅳ．①B222.15

中国版本图书馆CIP数据核字(2017)第173603号

出　版　人：朱寒冬
责任编辑：王婧婧　　　　　　　装帧设计：张诚鑫

....

出版发行：时代出版传媒股份有限公司　www.press-mart.com
　　　　　安徽文艺出版社　www.awpub.com
地　　　址：合肥市翡翠路1118号　邮政编码：230071
营　销　部：(0551)63533889
印　　　制：保定市正大印刷有限公司

....

开本：700×1000　1/16　印张：16.75　字数：170千字
版次：2018年1月第1版　2020年6月第2次印刷
定价：48.00元

....

（如发现印装质量问题，影响阅读，请与出版社联系调换）

目 录

前　言

1993年8月16日,《人民日报》刊发了一篇文章,名为《国学,在燕园又悄然兴起》,介绍北京大学老一辈学者在中国传统文化研究领域的丰硕成果。多年后,作者毕全忠先生回忆说:

> 在我这篇文章之前,新闻媒体从未提到过"国学"二字。15年前我国互联网刚起步,那时还很少有网站,现在著名的网站那时都还没有建立。……今天把它放到网上来,目的是让网友们知道"国学"这个现在较为"热门"的话题,当初是怎样开始的。

由此不难想见,看似蓬勃兴起的"国学"或"儒学热",背后有多少人的默默耕耘与耐心守望。20年后的今天,整个社会对于礼仪、书院、汉服、节庆等诸多传统文化的符号都已不再陌生,而愈加显著的新问题,则是停留于物质表层,不能体味传统文化的真精神与风骨:或打着传统文化的幌子做纯粹的生意;或曲学阿世,曲解经典来为自己的歪理作注;或虚谈炫人,以逞口舌、图风光为追求。

若无智慧与心灵的感通,传统经典被搞成了"题库",除了增加记忆负担与厌倦厌恶,又有什么意义呢?因此我们讲,今日要真正理解传统文化,从中汲取继往开来的智慧,首要的是正本清源,直指传统文化的核心,透过阅读中国文化典籍,理解我们的先贤思想与文化传统。

《中庸》是儒家"四书"之一,居于我国传统经典的核心地位。在近1500年的时间里,更是士子学人的必读之书,可谓"举世流通"。

北宋程颐称《中庸》为"孔门传授心法",其以不足5000字的篇幅,讲述了儒家"中"的方法论,崇尚"中道"的价值追求,及"时""诚"等诸多核心观念,可谓"文约义富"。

然而,要读懂《中庸》却并非易事。朱熹就说:

> 《中庸》,初学者未当理会。
>
> 《中庸》之书难看。中间说鬼说神,都无理会。学者须是见得个道理了,方可看此书,将来印证。
>
> 《中庸》多说无形影,如鬼神,如"天地参"等类,说得高。说下学处少,说上达处多。

他认为,在"四书"之中,《中庸》当最后读:

> 学问须以《大学》为先,次《论语》,次《孟子》,次《中庸》。《中庸》功夫密,规模大。
>
> 某要人先读《大学》,以定其规模;次读《论语》,以立其根本;次读《孟子》,以观其发越;次读《中庸》,以求古人之微妙处。
>
> 《大学》一篇有等级次第,总作一处,易晓,宜先看。《论语》却

实,但言语散见,初看亦难。《孟子》有感激与兴发人心处。《中庸》亦难读,看三书后,方宜读之。

我们今日虽不一定必照朱子所说的顺序来读,但也须明确一点:相对于其他一些典籍记载的是言行故事,《中庸》被称作"孔门传授心法",它所叙述的是儒家的思维方式与方法论的层面,在儒家经典中属于难度较高、理解较难的部分。

本书以"通解"为名,首先即是通盘解说全书之意,其次则是强调解读之中的"通":一是发掘《中庸》前后文之间的联系,揭示贯通全书的脉络;二是多引用《论语》《孟子》,联系《大学》,强调"四书"的相通与整体性;三是适当对比其他思想流派,从中得见儒家思想的异同与价值;四是适当联系历史人物与现实事例,以加深对于"中庸"的理解。

书中舛误之处,敬请诸位读者批评指正!

杨传召

2016 年 10 月 18 日

于首都师范大学

第一编：
"中庸"之为德

  《论语》中记载了孔子的话："中庸之为德也，其至矣乎。民鲜久矣。"咦？即使从未读过《论语》的人也知道——"孔曰成仁，孟曰取义"——儒家最推重的是"仁"，最推崇的是"圣人"，怎么这里孔子把"中庸"称为至德呢？它是从何处生发出来的，它在中国的文化传统中又处于什么样的地位呢？

第一节　"中庸"何处来

清代学者刘宝楠注解《论语》的《论语正义》时说道："中庸之义,自尧发之,其后贤圣论政治学术,咸本此矣。"——也就是说,"中庸"的内涵与意义,从中华文明最早的尧、舜那时就已经发源奠基。而后面的圣贤人物讲论"政治学术",其根本的依据在尧、舜那里。

◎周代之前的"中"道传承

关于"中"道的渊源,在中华文明的早期典籍中有很多的证据。《论语》最后一篇《论语·尧曰》中有记载:

> 尧曰:"咨!尔舜!天之历数在尔躬,允执其中。四海困穷,天禄永终。"舜亦以命禹。

尧在对舜的教谕中就提到,即便天道此时在我,但也务必诚诚恳恳地恪守"中"道。到了八荒四海都民不聊生的时候,我们也将被上苍抛弃。而舜也是这样教导禹的。

《尚书·虞书·大禹谟》中就有舜对禹之训诫的更加完整的内容:

……天之历数在汝躬,汝终陟元后。人心惟危,道
　心惟微,惟精惟一,允执厥中。无稽之言勿听,弗询之谋
　勿庸……

　　同样是强调作为领袖,为人、做事、行政,务必要执守
"中"道。其中,"人心惟危,道心惟微,惟精惟一,允执厥中"
经宋代儒家的发挥,构成了儒家"心性论"的重要理论基础,
尤其至朱熹而集其大成,被后人称为"十六字心法",影响
深远。

　　商汤灭夏,汤作为商朝开国之君,也被儒家尊崇为尧、
舜、禹之后的明君典范。《孟子·离娄下》中提到:

　　汤执中,立贤无方。

　　也就是说汤同样秉持"中"道,"不拘一格降人才",在发
现和选拔贤才时没有设定什么不可逾越的条条框框。商之
后的周代,开国之君周文王、周武王同样是孔子崇敬的圣君。
《尚书·洪范》中记载了周武王向"殷末三仁"之一的箕子询
问治国之道时,箕子也提到:

　　无偏无党,王道荡荡;无党无偏,王道平平;无反无
　侧,王道正直。

即不要偏向,不要袒护,不要党同伐异,不要剑走偏锋,王道方能坦坦荡荡。

可见,早在中华文明的童年时代,我们的先祖就已经认识到了执"中"道的巨大作用。

证据:"清华简"

2008年,清华大学收藏了一批战国时期的竹简,它们被称为"清华简"。经碳14测定与专家组研究,共同证实"清华简"是战国中晚期的文物。也就是说,这些竹简,早在秦始皇焚书之前就埋在地下,保存了两千多年。它们保留了先秦时的书籍的原始面貌。其中有一篇非常重要的文章,我们称为《保训》,四次提到了"中":

> 昔舜久作小人,亲耕于历丘,恐求中,自稽厥志,不违于庶万姓之多欲。厥有施于上下远迩,乃易位设稽,测阴阳之物,咸顺不扰。舜既得中,言不易实变名,身滋备惟允。翼翼不解,用作三降之德。帝尧嘉之,用受厥绪。呜呼!祗之哉!

> 昔微假中于河,以复有易,有易服厥罪。微无害,乃归中于河。微志弗忘,传贻子孙,至于成汤,祗备不解,用受大命。

第一段讲到了舜秉持"中"道,成长为一位优秀的领导人,得到了尧的认同,最终执掌天下。第二段讲到商人的祖先上甲微,他如何修行"中"道,并传授于子孙后代,直至商汤时得以发扬光大,商人灭夏,"用受大命"。

这些内容,都与前面我们提到的《尚书》《论语》《孟子》里的记载相符。如果说在此之前我们可以怀疑后人(比如在秦朝焚书坑儒之后的汉代人)对这些书籍内容进行过修改,那么"清华简"的出现就证明了事实并非如此。因为它们是确确实实的先秦文物,证实了前面这些关于"中"道传承的记载都是切实可信的。

这种用出土文献来证明传世文献真实性的方法,就是最早由王国维先生提出的"二重证据法":"吾辈生于今日,幸于纸上之材料外,更得地下之新材料。由此种材料,我辈固得据以补正纸上之材料,亦得证明古书之某部分全为实录,即百家不雅训之言亦不无表示一面之事实。此二重证据法惟在今日始得为之。"

◎周代的"中"道传承

"清华简"中的《保训》之所以重要,在于它记录的是周文王留给周武王的遗言:

> 惟王五十年,不豫。王念日之多历,恐坠宝训。戊子,自靧水。己丑,昧爽……王若曰:"发,朕疾适甚,恐

不汝及训。昔前人传宝，必受之以调（诵）。今朕疾允病，恐弗堪终，汝以书受之。钦哉，勿淫！"

开头文王召唤的"发"，便是周武王姬发。前面我们说到的关于"中"道传承的故事，就是文王对武王最后的谆谆教诲。由此，不难想象周文王本人对于"中"道的重视，也不难想象这段话对于周武王的意义。

与此相似，《逸周书》中也记载了周武王晚年对弟弟周公姬旦的告示：

维王不豫，于五日，召周公旦，曰："呜呼，敬之哉！昔天初降命于周，维在文考，克致天之命。汝维敬哉！先后小子，勤在维政之失。政有三机、五权，汝敬格之哉。克中无苗，以保小子于位。……呜呼，敬之哉！汝慎和，称五权，维中是以，以长小子于位，实维永宁。"

其中的"克中无苗""维中是以"是说要做到适中无邪、唯中是用，同样是在强调要持守"中"道。而周公本人"制礼作乐"，把思想理念落实到了现实的社会治理中。武王与周公，为整个周代文明奠定了基础。而后来的学者，包括我们今天都能清晰地看到：继承了前代文明的周，更将"中"的精神与方法摆在了自己文明的核心位置上。

从上面这些记载可以看到，从中华文明的起源到孔子所神往的西周时代,从尧、舜、禹到商汤、文王、武王、周公,中国的往圣对于"中"道有着清楚的认识和一以贯之的坚守。所以我们说儒家推崇中庸之德——"中庸之为德也,其至矣乎"——并非自己的向壁虚构,而是孔子对在他之前的整体历史文明经验的准确把握与总结。

第二节　儒家与"中庸"

◎中华文明,源起何时

"公元前 800 年至公元前 200 年之间,尤其公元前 600 年至公元前 300 年间,是人类文明的'轴心时代'。'轴心时代'发生的地区大致在北纬 30 度上下,亦即北纬 25 度至 35 度区间。这一时期,是整个人类文明精神的重大突破时期。在'轴心时代'各个文明都出现了伟大的精神导师——古希腊有苏格拉底、柏拉图、亚里士多德,以色列有犹太教的先知们,古印度有释迦牟尼,中国有孔子、老子……有趣的是,虽然中国、印度、中东和希腊之间相隔千山万水,但它们同时在'轴心时代'开始了对'终极关怀的觉醒'。换句话说,人类的几大古老文明都在这个时期开始用理智的方法、道德的方式来面对这个世界,同时也产生了宗教。它们是对原始文化的超越和突破。而超越和突破的不同类型——不同的文明走向,一直影响着整个人类历史进程和每个人的生活。"

这就是今天广为流传的"轴心时代"理论,由德国思想家、历史学家卡尔·雅斯贝尔斯在他的《历史的起源与目标》一书中提出。基于这一流行的历史观念,许多人将中国的"轴心时代"——"百家争鸣"时代视同为中华文明的源头。

更为现实的一点是,在对我国夏、商、周三代的研究中还有无数的问题等待着被发现和解答。这直接影响到社会大众历史观的形成。因为为了保证审慎与准确,我们的历史教材对于春秋战国之前的历史文明只能提供最确定也最简略的梗概,这又更加加深了我们认为"百家争鸣"时代是中华文明起点的印象。

而事实上,春秋战国之前中国的上古文明就已经有了巨大的成就,中华文明的起源远远早过春秋战国。"中华文明是唯一没有中断过的文明",这句话的意义也正在于此。孔子说:

周监于二代,郁郁乎文哉!吾从周。(《论语·八佾》)

子张问:"十世可知也?"子曰:"殷因于夏礼,所损益,可知也;周因于殷礼,所损益,可知也。其或继周者,虽百世,可知也。"(《论语·为政》)

周代文明是整个中华文明的底色,这一点已经是学术界的共识。周代文明之所以伟大，正在于周人既有自己的创造，更善于承认和继承先辈的优秀之处，避免了一代代先辈积攒的经验教训遗散在改朝换代的纷争里。从这个角度来说，孔子的伟大与智慧正表现在他和他的"偶像"文王、武王、周公一样，善于继承、改进与发扬前人的历史经验：

> 孔子者，中国文化之中心也。无孔子则无中国文化。自孔子以前数千年之文化，赖孔子而传；自孔子以后数千年之文化，赖孔子而开。（柳诒徵《中国文化史》）

◎孔子的创新

随着时代的变化，西周初期确立起来的礼乐社会，渐渐失去了活力和秩序，最终在周幽王手中遭遇大败。周天子东迁，威严扫地。天下大乱，风起云涌。时代走进了孔子所在的春秋。

为什么人类先贤早就提醒过我们的问题，我们却会在上面一错再错，弄得历史好像在不断循环？

瑞士心理学家荣格的心理学理论，对这种全世界都不能避免的"圣贤之说的堕落化"有所解释：任何圣贤的教谕，源自他们自己真诚的生命体验。而任何后人同样能体验到这种对人生的超越性的、本质的感受，即我们今天常讲的有了

"境界"。这时后人对先哲开始产生共鸣,理解他们的思考。

而当人们长期地再也没有获得过这种体验时,才会希望将它记录下来,甚至变成教条,为"做到"而去执行。可是,如果它只是教条,不能与自己真诚的体验产生共鸣的话,很快就会变成名实不符的虚伪做作。这就是所有圣贤之说堕落的轨迹。

西周礼乐文明的失落,就是同样的原因。牟宗三先生讲道:

> 这套周文在周朝时粲然完备,所以孔子说"郁郁乎文哉!吾从周"。周文发展到春秋时代,渐渐地失效。这套西周三百年的典章制度,这套礼乐,到了春秋的时候就出问题了,所以我叫它作"周文疲弊"。诸子的思想出现就是为了对付这个问题。
>
> ……周文之所以失效,主要是因为这些贵族生命腐败堕落,不能承受这一套礼乐。因为贵族生命堕落,所以他们不能够实践这一套周文。不能来实践,这一套周文不就挂空了吗?挂空就成了形式,成为所谓的形式主义(formalism),成了空文、虚文。

形式主义这种高级一点的"面子问题",在诸侯争霸、生死存亡的年代里自然变成了一种羁绊,一种需要舍弃的东西。墨家与道家思想的出发点,也是看到这种形式化导致的僵硬无用的一面,主张彻底否定这种"虚文"。孔子则认识到周代礼乐文明的合理成分,不能"把孩子和脏水一起泼了"。在吸收周代礼乐文明的基础上,孔子开创了新的思想流派——儒家。

以孔子为代表的儒家思想,其独创,在于强调了"仁"的核心作用:

孔子也知道贵族生命堕落,当然周文也成了挂空,但是孔子就要把周文生命化。要使周文这套礼乐成为有效的,首先就要使它生命化。这是儒家的态度。

那么如何使周文生命化呢? 孔子提出"仁"字,因此才有"礼云礼云,玉帛云乎哉? 乐云乐云,钟鼓云乎哉?"以及"人而不仁,如礼何? 人而不仁,如乐何?"这些话,人如果是不仁,那么你制礼作乐有什么用呢? 可见礼乐要有真实的意义、要有价值,你非有真生命不可,真生命就在这个"仁"。所以仁这个观念提出来,就使礼乐真实化,使它有生命,有客观的有效性(objective validity)。……所以儒家并不是抱残守缺,死守着那个周礼。周文本身并不是不实用,如果你本身有真生命,它一样可行的。

儒家对人类的贡献,就在他对夏商周三代的文化,开始作一个反省,反省就提出了仁的观念。观念一出来,原则就出来。原则出来人的生命方向就确立了。所以他成为一个大教。这个大教,我平常就用几句话来表示,"开辟价值之源,挺立道德主体,莫过于儒"。儒家之所以为儒家的本质意义(essential meaning)就在这里。

所以我们说,中华文明的源起,当然远早于孔子。周代礼乐文明"损益"了夏商文明,孔子通过强调同理心与同情心的"仁",又"损益"了周代文明,中华文明至此又迎来一次大发展。

◎朱熹与《中庸》

研读《中庸》,还有一个不能忽略的人,那就是朱子——南宋的朱熹。

在汉唐,《诗经》《尚书》《礼记》《周易》《春秋》"五经"是儒家典籍的核心。《中庸》与《大学》还仅仅是《礼记》里的一篇,其价值尚未受到人们特别的重视。自唐以来,儒家思想愈加受到佛教、道教等思想的强烈冲击,引发了儒家士人对儒家学说的深刻反思。程颢、程颐及他们的后学朱熹,开始重视与发掘《大学》《中庸》的思想价值。朱熹深入研究《大学》《中庸》,将两者与《论语》《孟子》并列,合称为"四书"。至元代恢复科举考试,将出题范围划定在"四书"之内,"四书"更成为之后六百年间天下学子最基本的读物。所以说汉唐是"五经"时代,宋之后是"四书"时代。而这一转变就是由朱熹促成的,因此我们研读《中庸》(和《大学》),必须重视朱熹的观点。

明郭诩绘朱子像

　　第一,朱熹将《中庸》划分成了三十三章,明确了《中庸》内部的逻辑结构。后来人的研究,都要在这个基础上展开。第二,朱熹重视《中庸》,在于他发现《中庸》讲述了儒家的世界观、价值观和方法论等哲学层面的内容。这些内容在其他儒家典籍中,都没有讲得如此明确且集中,因此朱熹对《中庸》的解读,特别强调《中庸》在这些问题上的价值,这也是我们读者所要注意的。第三,朱熹对《中庸》的解读,并不追求"原意",而是加入了他自己的思想观念。兼听则明,偏信则暗。因此我们既要重视朱熹对《中庸》的理解,但又不可完全以此为准。

◎"礼""仁""中"

话回到"中"道本身来。在西周文化里,"中"的思维与"礼"的外在形式就已经紧密结合在了一起:

> 天道尚左,日月西移;地道尚右,水道东流;人道尚中,耳目役心。心有四佐,不和曰废。地有五行,不通曰恶。天有四时,不时曰凶。天道曰祥,地道曰义,人道曰礼。知祥则寿,知义则立,知礼则行。礼义顺祥曰吉。吉礼左还,顺天以利本。武礼右还,顺地以利兵。将居中军,顺人以利阵。人有中曰参(三),无中曰两。两争曰弱,参和曰强。(《逸周书·武顺解》)

"礼"是为了达到"中"道境界的一种途径和外在形式,这一点孔子表达得很清楚.

> 仲尼燕居,子张、子贡、言游侍,纵言至于礼。子曰:"居,女三人者,吾语女礼,使女以礼周流无不遍也。"子贡越席而对曰:"敢问何如?"子曰:"敬而不中礼,谓之野(粗野);恭而不中礼,谓之给(谄媚);勇而不中礼,谓之逆(忤逆)。"子曰:"给夺慈仁。"子曰:"师,尔过;而商也不及。子产犹众人之母也,能食之,不能教也。"子贡越席而对曰:"敢问将何以为此中者也?"子曰:"礼乎

礼！夫礼,所以制中也。"(《礼记·仲尼燕居》)

如前面说的,因为孔子的"仁"是他学说的中心概念,所以如果我们对孔子、对儒家学说了解不多的话,可能想到的首先是"仁""君子""王道"等关键词。其实在《论语》中,孔子就多次提到"中":

柳下惠、少连……言中伦,行中虑,其斯而已矣。(《论语·微子》)

鲁人为长府。闵子骞曰:"仍旧贯,如之何? 何必改作?"子曰:"夫人不言,言必有中。"(《论语·先进》)

子曰:"不得中行而与之,必也狂狷乎。狂者进取,狷者有所不为也。"(《论语·子路》)

"名不正,则言不顺;言不顺,则事不成;事不成,则礼乐不兴;礼乐不兴,则刑罚不中;刑罚不中,则民无所措手足。"(《论语·子路》)

当然最能体现孔子重视中庸之道的,还是我们在开头提到的:

中庸之为德也,其至矣乎。民鲜久矣。(《论语·雍也》)

所以说，追求"中"道的精神，在中华文化中是一以贯之，并由儒家发扬光大的。

◎"五经"与"中"道

时代动荡，"乐经"可能早早亡逸了。或者，"乐本无经"——根本就不存在"乐"之"经"——如清人邵懿辰在《礼经通论》中所说："乐之原在《诗》三百篇之中，乐之用在《礼》十七篇之中。"《诗经》三百篇本来就是可以入乐的。

儒家六艺在秦朝之后存有"五经"：《诗》《书》《礼》《易》《春秋》。后世学者认识到《五经》虽然各有侧重，代表了儒家修行不同的方面，但是，追求"中"道的精神内核是一致的。

隋朝王通专门著有《中说》一书，阮逸在为其写的《中说序》里指出，"中"是《五经》的大要义：

> 大哉！"中"之为义：在《易》为二五，在《春秋》为权衡，在《书》为皇极，在《礼》为中庸。谓乎无形，非中也。谓乎有象，非中也。上不荡于虚无，下不局于器用。惟变所适，惟义所在，此"中"之大略也。《中说》者，如是而已。

明朝学者刁包也说道：

> "允执厥中"一言，万世心学之宗，亦万世经学之宗

也。如《易》只是要刚柔得中,《书》只是要政事得中,《诗》只是要性情得中,《礼》只是要名分得中,《春秋》只是要赏罚得中。"中"之一字,便该尽《五经》大义矣。

相对于中国"文学始祖"的《诗经》、"史学始祖"的《春秋》等来说,最接近"哲学"的《周易》里面尚"中"求"中"的思想尤其明显。钱锺书之父钱基博在《四书解题及其读法》中指出:《周易》尚中和","《易》六十四卦,三百八十四爻,一言以蔽之,曰'中'而已矣"。

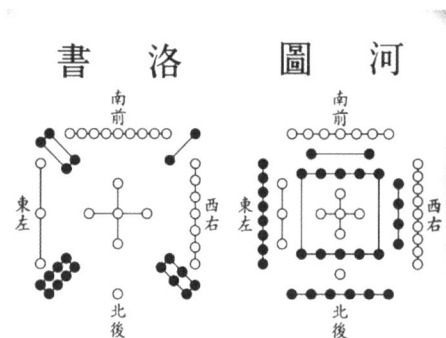

《河图》《洛书》

清代学者惠栋,其祖周惕,父士奇,三代人皆研究《周易》之学。他直接概括说:

《易》道深矣,一言以蔽之,曰:时中。

可见,《周易》的哲学,就是关于"时中"的哲学,即如何

018

根据时间、时机的变化来调整，时时秉持"中"道。

"十三经"是儒家思想的集中表现，而"十三经"是由"五经"逐渐增加、演化而形成的，"中"道思想又是"五经"的精神核心。由此，"中庸"之德在整个儒家思想中的位置和重要性不言自明。

第三节　作为一篇文章的《中庸》

以我们今天的阅读习惯来看，对于一篇重要的文章，我们往往先要问：讲述了什么内容，是谁写的，什么时间写的等问题。虽然经过几千年的流传，中国先秦时代典籍的本来面貌已经非常模糊了，但解答这些问题，对于我们了解《中庸》、理解"中庸之道"还是很有帮助的。

◎"中庸"的含义

《中庸》的篇名是什么意思？历史上主要的解释有三种：

（一）东汉郑玄："名曰中庸者，以其记中和之为用也。庸，用也。"

（二）三国何晏："庸者，常也。"

（三）北宋程颐："不偏之谓中，不易之谓庸。中者天下之正道，庸者天下之定理。"

可见"中"即是中道，这一点上并没有分歧。而关于

"庸"，我们同意东汉经学家郑玄的观点：庸，用也。

"庸"在《说文解字》中即注解为："庸，用也。从用从庚。庚，更事也。"这是说"庸"即是"用"的意思。这个字是"用"和"庚"合二为一的会意字。而"庚"表示的是更换，先做某件事，然后改换去做别的事。

"庸"作为"用"的意思，在先秦时期是很普遍的：

> 我生之初，尚无庸。（《诗经·王风·兔爰》）
>
> 齐子庸止。（《诗经·齐风·南山》）
>
> 畴咨若时登庸。（《尚书·尧典》）

所以说"中庸"意即"用中"，讲述如何达到中道、秉持中道。

◎《中庸》的作者

今天我们读到的《中庸》，属于《礼记》四十九篇中的一篇。《礼记》是由西汉学者戴圣收集、编辑此前流传下来的资料而成。那么《中庸》最初的作者是谁呢？

《韩非子·显学》里面讲："世之显学，儒、墨也。儒之所至，孔丘也。墨之所至，墨翟也。自孔子之死也，有子张之儒，有子思之儒，有颜氏之儒，有孟氏之儒，有漆雕氏之儒，有仲良氏之儒，有孙氏之儒，有乐正乐之儒。自墨子之死也，有相里氏之墨，有相夫氏之墨，有邓陵氏之墨。故孔、墨之后，儒分为八,墨离为三。"

不论在孔子身后,儒家学派是否真的分化成了八派这么多,但是后世儒家对于孔子思想从不同侧面进行阐发,产生了分化,这是事实。像我们最为熟悉的就是坚持"性善"的孟子与坚持"性恶"的荀子之间的对立。《荀子》书中有一篇《非十二子》,就点名反对子思、孟子的思想。

而在整个后世儒家思想的传承中,最为重要的就是以子思、孟子为代表的"思孟学派"。"思孟学派"传承的基本脉络是:孔子—曾子—子思—(子思弟子)—孟子。子思与孟子在思想上的联系,古籍中记载很明确:

> 子思唱之,孟轲和之。(《荀子·非十二子》)
>
> 孟轲,邹人也。受业子思之门人。(《史记·孟子荀卿列传》)

孔子教授曾子(曾参),曾子教授子思(孔伋,孔子之孙),子思弟子教授孟子。思孟学派持性善论,强调发现和珍视人性善的一面,并将善性发扬光大,内圣而外王。尤其在今天,我们研究发现:在子思的主持下,孔门后学编纂了《论语》和《孔子家语》两书。可见子思对孔子思想的把握,和他在儒家思想传承中的地位和作用。

《中庸》的作者,当为子思。

《史记·孔子世家》说子思"尝困于宋……作《中庸》",

《三字经》里也提到:"作《中庸》,子思笔",可见这一观点的普及。朱熹在《中庸章句》中也讲:"《中庸》何为而作也? 子思子忧道学之失其传而作也。""子思恐其久而差也,故笔之于书,以授孟子。"——子思是《中庸》的作者,这一点自汉到唐都没有人提出什么异议。

到了宋代,朱熹将同在《礼记》里面的《大学》《中庸》抽出,与《论语》《孟子》并列,合为"四书","四书"的地位和普及性逐渐超越了"五经"。但是对于《中庸》的作者这一基本问题,有人根据《中庸》里面的一些字句问题提出了怀疑——"非子思之言,乃汉儒杂记"。基于同样的理由,清代学者崔述在他的《崔东壁遗书》中说:"《中庸》必非子思所作。"更晚近的,像冯友兰在他的《中国哲学精神》中也说:"《中庸》实际上是生活在秦代或汉代的孟子学派的儒家著作。"

而我们通过研究,以及分析近年来的一些出土文献可以发现,不论是一些字句或是文章的顺序,前人对此的怀疑不无道理——《中庸》的文本确实存在问题,今天我们看到的《礼记》里的《中庸》早已不是最初子思所作的原文,而是子思一部分作品的集合。其中文字和段落结构上的问题,实际上是这篇文章在几百年流传的过程中产生的问题。这种情况在汉代以前的典籍中非常普遍。就好比一段话经过三五个人的口传,必定有所变化,不可能一字一词都还跟原句一样。但我们不能因此就否定这段话的"作者"是最初的讲话人。

所以我们认为,在更有力的相反证据出现之前,还是承认《中庸》的作者是子思最为恰当。

◎《中庸》的文章结构

就像前面所说的,在几百年流传、传抄的过程中,《中庸》的原样被打散了。我们现在看到的保存在《礼记》里面的《中庸》,有的地方上下文密切相关,有的地方则又看似风马牛不相及,如朱熹的弟子王柏说:《中庸》"其文势时有断续,语脉时有交互"。

即便宋代程朱理学的代表——朱熹本人,仅从思想脉络的角度来思考《中庸》里上下文的联系,也难以得到一个合情合理的解释:

> 《中庸》之书难看。中间说鬼说神,都无理会。(《朱子语类》)

但他也意识到了《中庸》不是一直平铺直叙下来,而应当按照问题划分为几个大的段落:

> 譬人看屋,先看他大纲,次看几多间,间内又有小间,然后方得贯通。(《朱子语类》)

朱熹的看法,是认为《中庸》分为两大部分:前半重点讲

"中庸"，后半重点讲"诚明"。我们今天借助出土文献的佐证，终于得以在朱熹的基础上更进一步，从文章流传中受过影响的角度来考察《中庸》内部的结构。

朱熹将《中庸》全文划分为三十三章，对于这一分段法虽然后人有不同的见解，但它的历史影响最大，我们这里仍然借助此分段法来表述——

我们看到的今本《中庸》至少应该由四个部分组成，这四个部分最初并不连属，而是各自独立的。具体情况是：

第一部分，通过与出土的"上海博物馆藏战国楚竹书"里《从政》篇对比研究以后，可以确定为属于原始版本《中庸》里的部分，包括朱熹分章的第二至第九章。这部分都是直接记录孔子的语句。

第二部分，是"子路问强"的内容，从"子路问强"直到"哀公问政"以前，包括朱熹分章的第十至第十九章。

第三部分，是"哀公问政"的内容，这部分内容同时也保存在了《孔子家语·哀公问政》里面，从"哀公问政"直到"博学之，审问之"以前，字句只有些微差别，也就是朱熹分章的第二十章前面的大部分。

第四部分，是除了前三部分以外的其余内容，包括朱熹分章的第一章与第二十章"博学之，审问之"之后的部分。

戴圣收集编纂《礼记》，当然也不是将毫无关联的内容硬性拼接在一起。戴圣看到了这几部分之间的联系，遂将子思的论述冠于篇首，中间合并各个部分，遂形成了我们现在读到的今本《中庸》。

戴圣所连缀的这些部分,各有侧重,而都不离"中庸"思想:第一部分讲"中庸"自不必说,第二部分有"君子依乎中庸""庸德之行,庸言之谨"等,第三部分有"不勉而中,不思而得,从容中道",第四部分有"极高明而道中庸"等。这样的编集,已经使得整篇文章十分圆融可读,朱熹也说:

> 《中庸》一书,枝枝相对,叶叶相当,不知怎生做得一
> 个文字齐整。(《朱子语类》)

◎理解,从阅读开始

在今天的语言环境里,"中庸"常常被当作一个贬义词使用:"你这个人啊,太'中庸'了。"所以在我们开始解读《中庸》之前,还要明确一些广泛存在着的误读:

(一)"中庸"不是随大流

《论语·子罕》中讲:

> 子曰:"麻冕,礼也;今也纯,俭,吾从众。拜下,礼
> 也;今拜乎上,泰也。虽违众,吾从下。"

这里孔子讲了两件事。一是关于戴什么材质的礼帽。以前的人戴麻冕材质的缁布冠,而现在改戴用黑丝做成的礼帽,相对

来说简约朴素。孔子认为这样的变化是好的,选择随大流。

另一是关于如何对君主行跪拜礼。按照古代礼制,臣下拜见君主应先在堂下行一次礼,君主说免礼之后再到堂上行一次礼,这才符合古礼的要求。而孔子所处的春秋时代,礼崩乐坏,臣子们已经免去了堂下之礼,直接到堂上行君臣之礼。对于这种做法,看似跟前一件事一样,更简便省事。但孔子认为失去的是应有的恭敬,他就坚守古礼的做法,选择与当时的主流不同。

可见中庸并不是简单地遵从大部分人的选择那么简单。与随大流正相反的是,孔子将那种没有主见的滥好人称作"乡愿"——"德之贼也"。我们看,不论是古圣先贤,还是后世的知识分子,他们之所以堪称伟大,常常在于他们能发现随大流的危害,敢于坚持自己,选择与众不同。

(二)"中庸"不是数字上的中间

《孟子·尽心上》中讲:

> 孟子曰:"杨子取为我,拔一毛而利天下,不为也。墨子兼爱,摩顶放踵利天下,为之。子莫执中。执中为近之。执中无权,犹执一也。所恶执一者,为其贼道也,举一而废百也。"

孟子批评杨子太过自私,一毛不拔,而墨子太过无私,不爱惜自己——这两种做法都是偏执一点,不计其余。但是并不要因此就觉得自己对折两种极端就对了。中庸并不是简单的数字意义上的中间,人性也不是加减法那么简单。一人向左一人向右的中间是你原地不动, – 100 和 100 的中间是 0,但这都不见得是中庸。如果只强调站在中点上,而没有灵活变通,其实不也是一种僵硬、一种偏执吗?

不要忘了"中庸"即"用中",求取中道需要因时而变。如《孟子·离娄上》说:

> 嫂溺不援,是豺狼也。男女授受不亲,礼也;嫂溺,援之以手者,权也。

儒家认为男女授受不亲,但更不可能对亲人见死不救,两相冲突时该如何选择?这种时候"数字上的中间"又在哪里呢?

孟子的回答是:当然要救。嫂子溺水都不救,根本不配做人,还谈什么其他。诚然,这表面上突破了当时礼法的规范,但孟子认同这种权变,即使是自己秉持的礼也并非绝对不可逾越。所以,儒家的"中庸"不是取个平均数那么简单。

可见,并不需要多么深入地研究,只要我们稍稍读过《论语》《孟子》,就不会对"中庸"的含义有以上的误解。

由于种种历史原因,我们当今社会对于传统文化的认知还很浅薄。我们自己的文化传统在当下众声喧哗的时代里却处在一种弱势。不少人自诩为"现代人"，信口批评中国的文化传统，可惜自己连一本先秦圣贤的经典，甚至一本冷静的历史书都没有读过，对于古代中国的想象，全来自一点边边角角的故事和大量的"脑补"。

须知"没有调查就没有发言权"。希望任何评说，都能建立在了解的基础上。希望任何批评和反对，都出自热诚的关心、理性的思考，而不是心底对未知的恐惧和排斥。

第二编：
人生难得中庸

《中庸》第一部分的内容,包含从开篇到朱熹所分章的第九章。

除第一章提出总论之外,第二章到第九章均以"子曰"开头,与《论语》的形式类似。子思通过引用孔子的原话,来解读"中庸"的具体内涵。

第一节　天与人

《中庸》第一章

[原文]　　天命之谓性,率性之谓道,修道之谓教。道也者,不可须臾[1]离也,可离非道也。是故君子戒慎乎其所不睹,恐惧乎其所不闻。莫见[2]乎隐,莫显乎微,故君子慎其独也。

[注释]　　[1]须臾:片刻,形容非常短暂的时间。

　　　　　[2]见(xiàn):显现。

[译义]　　天生所具有的,即为"性";引导自己性情发展的方向,即为"道";修行此道的过程方式,即为"教"。真正的"道",不会有须臾离开的时候,否则就不能称之为"道"了。因此君子为人修道,须得谨慎小心地对待我们所不能直接看见、摸到的东西。越是隐秘不易觉察的地方,越是什么都会被看清楚;越是微小容易忽视的细节上,越是显露出更多的内容。因此,跟有没有他人在场无关,君子即使独处,依然谨慎地对待自己。

◎引导自己的天性

《中庸》第一章开篇第一句,引领全文,提出了天命、性、道、教这几个儒家思想中重要的概念,并对它们之间的相互关系进行了解释。

在《论语》当中,孔子有两次提到"天命":

> 君子有三畏:畏天命,畏大人,畏圣人之言。小人不知天命而不畏也,狎大人,侮圣人之言。(《论语·季氏》)
>
> 五十而知天命。(《论语·为政》)

"天命"可以理解为上天的旨意和安排。但要注意的是,在儒家的观念中,"天行有常,不为尧存,不为桀亡"(《荀子》),"天命"是一种抽象的绝对的理念存在,而非后来民间想象中的"玉皇大帝""老天爷"那样具有具体的形象。因此这里所说的"天命",并非指你的出身、你的相貌、你的智商高低等"宿命论"的层面,而是高于这些的、更为平等的、所有人类都共同具备的天性:趋利避害、渴望健康与和平、需要爱与被爱,等等。

通过我们的生活经验,不难发现:人,作为高级动物,他的天命之性中包含两个方面——人性的一面与动物性的一面。作为动物的一种,人要温饱、要生存、要繁衍;而作为一个人,却可以做到饿着肚子排队、让妇女儿童先撤离、遵循一夫一妻的婚姻制度等行为。因为作为人,我们可以认识到,还有更高远的存在,比一时的饥寒,甚至比生命更加重要。这正是人生而为人的尊严。

按照一般的理解,许多人认为孟子主张"性善论",荀子主张"性恶论",看来好似针锋相对。但我们仔细读《孟子》和《荀子》,可以发现孟子并不是天真地认为一切人都是善的,而是强调人天性中有善良的一面,并应主动将其修养得更加强大与坚定;荀子强调人天性中有恶的一面,但他讲"人之性恶,其善者伪(为)也"。也就是说,既然知道自己天性中存在恶的可能,那便要在后天主动加以约束,以免自己去作恶。孟子和荀子虽然关注点不同,但在对人性怀有信心和耐心这一点上,他们是相同的。

"率",既有"顺应"的意思,也有"引导"的意思。如果解释为顺应天性,那就也包括了顺应其中的动物本能,这显然不是什么好事。我们认为这里的"率性"意为"引导"自己的天性——如同大禹治水,既非压抑,更不是放任,而是调和自己身上的人性与动物性,发挥他们各自的优势,这才是正"道"。

◎"警惕"白话翻译

既然人性之中先天就有善有恶,那么就需要在后天增进善性、祛除恶性。具体如何做？儒家强调不能固执己见、闭门造车，而是提倡吸取前人的经验，不断习得，修养自身，达到这种正道的过程，就是"教"。

"教"，我们今天可以翻译为教化、教育、教导等等。由于语言的变化，古汉语中单音节的词多，一个字即一个词。而现代汉语中以双音词居多，两个字是一个词。比如我们今天讲"牺牲"，是一个词，而在古汉语中是指祭祀用的家畜，色纯称"牺"，体全称"牲"，指的是两种不同的情况。这是古代汉语和现代汉语显著的区别。

在"道"字上，如何翻译的问题更加明显。先秦诸子百家，基本都谈论"道"。但实际上，孔子所谈的"道"，与孙子所谈的"道"、老子所谈的"道"，不完全是一回事，不同语境里提到的"道"所指代的内容也不尽相同。如今的一些书中，将"道"一律翻译为"客观规律"，这是不合适的。

指出这一点，是想要说明：虽然我们在翻译时也许可以将"教"译成"教育"（Education），但两者在含义上毕竟有所区别。"性""道""教"都是传统文化中重要的概念，要想真正理解它们的含义，还是要还原到它们产生的时代去理解。

将古书中的任何东西都用今天的事物来一一对应，比如把皇帝、尚书称作"古代的公司老板"，虽然可能听起来明白易懂，但在这种转化中其实已经丢失了很多信息。所以我们今天阅读古代经典时须得注意：白话翻译可以"使用"，而不可"依赖"。

◎ 和自己相处

讲君子要学会慎独,可以与《大学》中的内容联系起来:

> 所谓诚其意者:毋自欺也。如恶恶臭,如好好色,此
> 之谓自谦,故君子必慎其独也……曾子曰:"十目所视,
> 十手所指,其严乎!"

《晏子春秋》中也说:"君子独立不惭于影,独寝不惭于
魂。"这一点在当代社会中似乎更有意义:一方面,生活形式
的变化,对于个人隐私空间的尊重,让我们更有机会拥有一
部分绝对独处、绝对私人的时间。另一方面,只要我们愿意,
无所不在的传媒和互联,随时随地可以让人接触到世界上最
新奇有趣的内容。在这样的时代里,我们更需要学会珍视那
些不与外界交互的时光——只与自己交谈。如周国平讲的,
一种最好的境界是"丰富的安静":

> 世界越来越喧闹,而我的日子越来越安静了。我喜
> 欢过宁静的日子。
>
> 当然,安静不是静止,不是封闭,如井中的死水。曾
> 经有一个时代,广大的世界对于我们只是一个无法证实
> 的传说,我们每一个人都被锁定在一个狭小的角落里,
> 如同螺丝钉被拧在一个不变的位置上。

……也许，每一个人在生命中的某个阶段是需要某种热闹的。那时候，饱涨的生命力需要向外奔突，去为自己寻找一条河道，确定一个流向。但是，一个人不能永远停留在这个阶段，随着年岁增长，人的生命会越来越精神化。

现在我觉得，人生最好的境界是丰富的安静。安静，是因为摆脱了外界虚名浮利的诱惑。丰富，是因为拥有了内在精神世界的宝藏。创造的成就，精神的富有，博大的爱心，而这一切都超越于俗世的争斗，处在永久和平之中。这种境界，正是丰富的安静之极致。（周国平《丰富的安静》）

《大学》《中庸》都讲君子慎独，强调的是不管有没有他人约束、有没有他人在场，始终诚心诚意地对待自己内心，就不会感觉到空虚寂寞、"心累"。也许在公众面前的谎言、表演，能骗得了众人一时，但这中间的虚伪、矛盾和疲惫却瞒不过自己。

无人在场，等于有人在场。有人在，也就能像独处时一样地轻松适性，超越一个做什么都要考虑、都要畏惧外界眼色的阶段。光明正大，自然就没有怕人发现的软肋。

[原文]　　喜怒哀乐之未发，谓之中；发而皆中[1]节，谓之和。中也者，天下之大本也；和也者，天下之达道也。

致中和,天地位焉,万物育焉。

[注释]　　　　[1]中(zhòng):恰好合上。

[译文]　　　　喜怒哀乐的表达不能无度,有礼有节称为"和"。"中"的状态,是天地万物初生初始的本源状态;而"和"的状态,是天地万物发展中应当秉持的状态。自小至大,由弱到强,从脚下到远方,达到"中和"的境界,那么天地便得以各安其位而运转不息,万物也得以各尽其性而生发孕育。

[通解]　　　　喜、怒、哀、乐,是人之常情。在人生命的起点、在每一次觉醒前的起点、在某些特殊的时刻,这些不论正面的、负面的感情、情绪,都还未生发出来的时候,人心是真正澄澈的平静,即为"中"。

但人非草木,孰能无情? 感情、情绪是我们与世界交流的表现。即使朝霞暮云、寒来暑往,也能引起我们内心情感的摇荡,更不用说人与人之间的血肉联系了。汉代人解读《诗经》时,首先说道:

情动于中而形于言,言之不足,故嗟叹之;嗟叹之不足,故永歌之;永歌之不足,不知手之舞之、足之蹈之也。

"心中有感情的悸动,自然就想要用语言表达出来;平常的言语不足以表达心情,就会带有语气和语调;这样也不足以表达的时候,就通过吟咏歌唱来表达;用语言乃至咏唱都难以表达充分的时候,就会情不自禁地手舞足蹈,来抒发内心情感。"这也就是文学、音乐、舞蹈,在人类历史上最初的起源。

汉画像石中的歌舞场景

但是情感的抒发宣泄,不能无度。过度的哀伤,是"哀莫大于心死";过度的欢喜,也可能"乐极生悲";过度地表达情绪,可能成为其他人的烦恼。儒家的方式,是用"礼"对过分的行为加以约束:

"礼之用,和为贵。"(《论语·学而》)

◎面对死亡

"出生时,你哭了,爱你的人笑了;离去时,你笑了,爱你的人哭了。"

其实很多时候,自己的生老病死可能更容易看淡,但至亲好友的离去却让我们痛不欲生,任何人都不例外。《论语·先进》中记道:

颜渊死。子曰:"噫! 天丧予! 天丧予!"

颜渊死,子哭之恸。从者曰:"子恸矣。"曰:"有恸
乎? 非夫人之为恸而谁为?"

颜回是孔子最喜爱的弟子,短命而亡。他的去世让孔子痛不
欲生,随从之人都认为孔夫子伤心过度了,但孔子回答:"我
有悲伤过度吗? 这可是颜回啊!"

从生者的角度看,人生总要继续下去。继承逝者的优点
和期待,更好地生活,这也是逝者所希望看到的。因此儒家
主张,不能放任悲伤的情绪随意奔涌,要依礼法而行,"节哀
顺变"。《论语·先进》也记载了孔子对厚葬颜回的态度:

颜渊死,门人欲厚葬之,子曰:"不可。"
门人厚葬之。子曰:"回也视予犹父也,予不得视犹
子也。非我也,夫二三子也!"

孔子反对厚葬颜回,因为他懂得"厚葬"本身只是尘俗中一些
人的做法,根本不是颜回所希望的。其实,怎样的风光大葬,
也比不上几滴真诚的眼泪来得宝贵。

《礼记·檀弓上》里记载了孔门师生之间对于丧礼的
讨论:

子路有姊之丧，可以除之矣，而弗除也。孔子曰："何弗除也？"子路曰："吾寡兄弟而弗忍也。"孔子曰："先王制礼，行道之人皆弗忍也。"子路闻之，遂除之。

曾子谓子思曰："伋，吾执亲之丧也，水浆不入于口者七日。"子思曰："先王之制礼也，过之者，俯而就之；不至焉者，跂而及之。故君子之执亲之丧也，水浆不入于口者三日，杖而后能起。"

面对亲人的丧礼，子路是为姐姐服丧，已经超过了丧期还穿着丧服；曾子更极端，悲痛到七天没有吃东西。对此，孔子和子思都指出，"先王制礼"时，本身已经考虑到了人性的需求，既能表达哀思又不至于过度悲痛，这样秉持中道才是恰当的：

贤者不得过，不肖者不得不及，此丧之中庸也，王者之所常行也。（《礼记·丧服四制》）

◎《中庸》开篇，不提"中庸"

以上是为《中庸》的开篇，却没有提到"中庸"二字，古人的解释是：一种可能，是因为已经提到了与"中庸"意思相近的"中和"——"以性情言之，则曰中和；以德行言之，则曰中庸"(朱熹《四书章句集注》)。"中和"近似名词,指的是一种状态;"中庸"近似动词,指的是一个方向。

另一种可能,如清代的学者所说:

> 这一书专为"中庸"二字发,开口却不即言中庸,乃就中庸内分别出性、道、教三项来,盖不明性、道、教,则不知中庸之原委,知性然后知中庸所自来,知道然后知中庸之所在,知教然后知中庸所自全。
>
> 《中庸》一篇乃是孔门传授心法,这一章又是一篇之体要。(陆陇其《松阳讲义》)

按照我们今天对于《中庸》文本的研究,可以做出更为妥当的解释:如前文我们已经提到的《中庸》文章结构中说的那样,第一章这些文字,本就不属于原始版本的《中庸》。下文我们要讲到的部分才是专谈"中庸"的部分。而戴圣编辑时,之所以将本段作为一篇之首,大致是因为其内容具有纲领性的意义。

我们读诸子百家书,可以发现诸家都在使用"性""道""教"等等这些概念,但实际上它们的内涵却并不相同。所以第一章作为全文的基础,在于先为"性""道""教""和"这些关键的概念下定义,讲述儒家世界观、人生观的基础是什么。这不仅对于理解"中庸",乃至对于理解整个儒家思想的体系都有基础性的意义。

第二节　君子时中

《中庸》第二章

[原文]　　仲尼曰："君子中庸,小人反中庸。君子之中庸也,君子而时中;小人之中庸也,小人而无忌惮也。"

[译文]　　孔子说："君子可以做到中庸,而小人与中庸则背道而驰。为什么会这样? 因为君子不偏不倚,因时而动。而小人则是无所忌惮,任性妄为。"

[通解]　　《中庸》第二章的关键,在于对"时中"二字的理解。就像前面讲到的,"中"并非简单的一个中间点、平均数,朱熹说:"中无定体,随时而在。"——如何才算"中",是随着"时"的不同而变动的。

《礼记·礼器》中讲道:

礼,时为大,顺次之,体次之,宜次之,称次之。尧授舜,舜授禹,汤放桀,武王伐纣,时也。诗云:"匪革其犹,聿追来孝。"

对礼来说,最重要的便是因时而定,其次是顺应具体的变化,再次是合乎伦理,再次是有所差别,再次是合乎人情,最后是要与身份相称。举例来说,尧传位给舜,舜传位给禹,前代的统治者会选拔合适的继任者,那是禅让的时代。而后来,老的统治者会打压新生力量,商汤只能选择放逐夏桀,取代夏朝,周武王必须讨伐商纣王,取代商朝,那是革命的时代。商纣王曾经关押过周文王,如果周武王还期待像尧舜禹时代一样的贤明君主主动让位,那就是愚蠢了。这就是时代的不同决定了手段方式的不同。

"时",并非单纯指"时间"。如何做到"中"始终是与"时"的变化——时代、时机、时局——联系在一起的。就像评价古时候的隐逸之士,孔子说:

> 逸民:伯夷、叔齐、虞仲、夷逸、朱张、柳下惠、少连。子曰:"不降其志,不辱其身,伯夷、叔齐与!"谓柳下惠、少连:"降志辱身矣,言中伦,行中虑,其斯而已矣。"谓虞仲、夷逸:"隐居放言,身中清,废中权。我则异于是,无可无不可。"(《论语·微子》)

所有这些失去自己精神家园的人,面对理想的破灭和世道的浑浊,选择了不同的归宿,而他们身上都有值得称道的地方。孔子则认为"我和这些人不同,没有什么必须这样、必须那样

的",就像他曾说过的"毋必、毋固","用之则行,舍之则藏",任何处境下都没有偏执。孟子也说:

> 伯夷,圣之清者也;伊尹,圣之任者也;柳下惠,圣之和者也;孔子,圣之时者也。孔子之谓集大成。(《孟子·万章下》)

孟子同样肯定这些古时贤人的优秀品质,而孔子更在其上,因为孔子可以察觉并顺应"时"的变动。这既需要强韧的精神,也需要洞察的智慧。

"圣之时者"也成为一个典故,赞扬这些眼中没有绝境,可以与时推移、因时而动的出类拔萃之人。

老舍话剧《茶馆》中塑造的主要人物茶馆老板王利发,生于清末,靠着自己的灵活和坚忍,独力支撑父亲留下的茶馆。民国初年,军阀割据,内战不断,北京城里多少大茶馆都关了张,而他对茶馆进行"改良",照样开张。三十年之后的新中国成立前夕,已是风烛残年的王利发,依然拼全力支撑着"裕泰"这个老字号。《茶馆》第二幕里称赞年轻时的王利发:

> 幕启:北京城内的大茶馆已先后相继关了门——"裕泰"是硕果仅存的一家了,可是为避免被淘汰,它已改变了样子与作风。现在,它的前部仍然卖茶,后部却改成了公寓。前部只卖茶和瓜子什么的。"烂肉面"等

044

等已成为历史名词。厨房挪到后边去,专包公寓住客的伙食。茶座也大加改良:一律是小桌与藤椅,桌上铺着浅绿桌布。墙上的"醉八仙"大画,连财神龛,均已撤去,代以时装美人——外国香烟公司的广告画。"莫谈国事"的纸条可是保存了下来,而且字写得更大。王利发真像个"圣之时者也",不但没使"裕泰"灭亡,而且使它有了新的发展。

◎管仲是什么人?

春秋五霸,第一个便是齐桓公。在管仲的辅佐下,齐国成为春秋时代的第一个霸主,影响了整个春秋时代的形势。作为当时最重要的历史人物之一,管仲在孔子和弟子口中被屡屡提及:

> 子曰:"管仲之器小哉!"或曰:"管仲俭乎?"曰:"管氏有三归,官事不摄,焉得俭?""然则管仲知礼乎?"曰:"邦君树塞门,管氏亦树塞门;邦君为两君之好,有反坫,管氏亦有反坫。管氏而知礼,孰不知礼?"(《论语·八佾》)

> 子路曰:"桓公杀公子纠,召忽死之,管仲不死。"曰:"未仁乎?"子曰:"桓公九合诸侯,不以兵车,管仲之力也。如其仁!如其仁!"(《论语·宪问》)

子贡曰:"管仲非仁者与? 桓公杀公子纠,不能死,又相之。"子曰:"管仲相桓公,霸诸侯,一匡天下,民到于今受其赐。微管仲,吾其被发左衽矣。岂若匹夫匹妇之为谅也,自经于沟渎而莫之知也。"(《论语·宪问》)

管仲和召忽都是公子纠的家臣。公子纠与兄弟公子小白争位,失败被杀后,召忽也随之自杀了。但是公子小白即位成为齐桓公后,对管仲以礼相待,管仲便归服齐桓公,成了齐国的执政大夫。——孔门弟子对管仲的非议就在于此。孔子也认为管仲其人品行有亏,很多做法违礼,但还是给予他"仁"的高度评价。因为在管仲治理下的齐国成为诸侯中的盟主,将中原各国团结在一起,避免了被野蛮民族各个击破的命运,所以孔子说"民到于今受其赐"。

在公子纠死后,管仲自己当然也曾思考过何去何从的问题。就像《麦田里的守望者》中的名言:"一个不成熟男子的标志,是他愿意为某种事业英勇地死去;一个成熟男子的标志,是他愿意为某种事业卑贱地活着。"管仲选择接受失败、顺应时变,继续活下去,发挥自己的能量。

对此,康有为说得好:"盖仁莫大于博爱,祸莫大于兵戎。天下止兵,列国君民皆同乐生,功莫大焉,故孔子再三叹美其仁。……宋贤不善读之,乃鄙薄事功,攻击管仲。至宋朝不保,夷于金元,左衽者数百年,生民涂炭,则大失孔子之教旨矣。专重内而失外,而令人诮儒术之迂也。"——光荣地死去,好像成就了一世英名。但这是一条简单的路,而且对生者没有什么意义。无论沧海桑田,都敢于承受"活着"这个重担,才是"圣之时者"。

"好人""坏人"的标签,都太过简单粗暴,没有看到人性的复杂与"时"的复杂。抽一个片段出来,代表不了一个完整的活生生的人。重要的是不忘初心,"时中"而动。正如孟子对孔子的称赞:"可以仕则仕,可以止则止,可以久则久,可以速则速。"(《孟子·公孙丑上》)

◎观鸟知"时中"

儒家所讲的"大学之道"特别强调"格物",也就是说世间万物都有它内在的道理与法则,都有跟天地至道相通的地方。而人可以通过对具体事物的观察和实践来感悟人生,感悟大地之埋。比如孔子从山水的姿态,联想到它们与仁者、智者的相似:

> 子曰:"知者乐水,仁者乐山;知者动,仁者静;知者乐,仁者寿。"(《论语·雍也》)

又如,孔子看到禽鸟的行动,联想到知"时"知"止":

> 色斯举矣,翔而后集。曰:"山梁雌雉,时哉时哉!"

子路共之，三嗅而作。（《论语·乡党》）

一次，孔子与子路在山间行路，看到不远处有几只野鸡停留在那里。子路好动，于是向野鸡挥了挥手。野鸡见状，机警地扇动翅膀飞了起来，在空中盘旋一阵，落到了远处的树上。

《孔子圣迹图》中的"山梁雌雉"

看到这一幕，孔子说道："山梁上的这些雌雉，懂得'时'啊，懂得'时'啊！"孔子想到的是，这些野鸡真了不起，它们能够机警地对外部环境做出反应，很明白自己的处境，所以能时刻将自己置于安全的境地，远离祸端。

孔子与子路继续向前，又靠近了这几只野鸡。子路听了孔子的话，不知是否明白了老师的意思，遂不无俏皮地向野鸡拱拱手,好像为自己打扰了它们表示歉意。野鸡们犹豫了一会,便振翅飞去了。

《论语·乡党》篇记述孔子日常生活的一些侧面,也正是在这些看似平平无奇的日常中,孔子的人生境界得到了具体展现。上面这一个片段,是《论语·乡党》篇最后一段记载的一个场景,很耐人寻味。从那些野鸡的反应中,孔子特别感受到一个“时”。

生活在这个世界上,每个人、每个时候都处于不同的“时”中。那么,我们知道自己的“时”吗?如果我们真的能看透彻这些,恐怕在人生的路上脚步会更加坚实一些。比如,我们常听到大学生讲“因为以后找工作压力大而不能静心学习”,这其实恰恰是本末倒置。孔子说“不患无位,患所以立”,作为学生,当下能够把握的“时中”就是用心学习,最根本的是抓住学习的机会,充实和丰富自己。在今天这个通讯发达的时代,一个真正有能力的人根本不会缺乏机遇,而一个没有能力的人,再怎么提前“找工作”也只是事倍功半。所以说,处在学生时代,首先应该自问:自己能做什么?如果有机会送上门,我有能力把握得住吗?

在《大学》中,孔子也有类似的议论:

> 诗云:“缗蛮黄鸟,止于丘隅。”子曰:“于止,知其所止,可以人而不如鸟乎?”

《诗经》中讲:"绵绵蛮蛮鸣叫着的黄鸟,栖息在山冈的一角。"孔子感慨道:"就停息的地方来说,连小小黄鸟都知道该栖息在什么地方,人怎么可以连鸟儿都不如呢?"

◎子思称"仲尼"

第二章开头,直呼孔子的字"仲尼",因此有人提出由此可以证明《中庸》的作者不是子思:

> 弟子记圣人之言行,于《论语》皆称子,如"子曰"及"子以四教"之类,盖尊师重道之辞,未尝有字圣人者……岂有身为圣人之孙而字其祖者乎?(王十朋《梅溪集》)

我们的第一印象也是古人对于避讳先人尊长的姓字是很严肃的。"诗鬼"李贺因为在科举中被人毁谤说他父名晋肃,应当避父讳,让他不得举进士。韩愈为此事还专门写过一篇《讳辩》,为李贺叫屈。

但仔细辨析发现,事实并非这么简单。朱熹就指出,"古人未尝讳其字",光在《论语》中就能看到,子贡就曾说过"仲尼不可毁也"(《论语·子张》)。不光是字,甚至还有弟子直呼孔子名"丘"的例子:孔子让子路问路于长沮、桀溺,长沮反问子路"夫执舆者为谁",子路答:"为孔丘。"(《论语·微子》)由此可见,孔门弟子对孔子都可以呼名称字,更何况是子思。

事实上,在春秋战国时代,避讳姓名的讲究才刚刚出现,到秦汉之后"避讳"才渐渐变成了一个严肃的问题。所以说这里子思称孔子为"仲尼",并不奇怪。

更重要的是,毕竟我们今天看到的《中庸》是《礼记》中的一篇,而《礼记》是经过了汉人编辑的。为了明晰清楚,其中存在对于个别字词的改动很正常。尤其当下文是一连串的"子曰"时,那么在最前面的一句里明确标示出这个"子曰"是"仲尼"曰,也可以认为是为了文意更清楚明白而进行的改动。

如果再追根究底的话:在原始版本的《中庸》里,这里很可能并不是"仲尼曰"。这里的"仲尼曰"以及下文的"子曰"可能本来皆是"闻之曰"。

《孔丛子·公仪》记载说:

> 穆公谓子思曰:"子之书所记夫子之言,或者以谓子之辞也。"子思曰:"臣所记臣祖之言,或亲闻之者,有闻之于人者,虽非其正辞,然犹不失其意焉。且君之所疑者何?"公曰:"于事无非。"子思曰:"无非,所以得臣祖之意也。就如君言,以为臣之辞。臣之辞无非,则亦所宜贵矣。事既不然,又何疑焉?"

子思曾经汇集收录孔子的言论。关于这些言论的来源,按子思所说,"或亲闻之者,有闻之于人者"。子思本来可能就是以"闻之曰"的形式,记录或引用孔子之言——《上海博物馆藏战国楚竹书竹书》的《从政》篇,经过专家重新编联之后的形式如下:

  [简甲一]闻之曰:"昔三代之明王之有天下者,莫之余(予)也,而□(终)取之,民皆以为义。夫是则守之以信,教[简甲二]之以义,行之以礼也。其乱王,余(予)人邦家土地,而民或弗义。夫……[齐之以][简甲三]礼则寡而为仁,教之以刑则述(遂)。"

  闻之曰:"善人,善人也。是以得贤士一人,一人誉……[简甲四]四邻。失贤士一人,方(谤)亦坂(随)是。是故君子慎言而不慎事……。[君子先][简甲十七]人则启道之,后人则奉相之,是以曰君子难得而易事也,亓(其)使人,器之;小人先人则□(绊)敔(禁)之,[后人][简甲十八]则□(陷)毁之,是以曰小人易得而难事也,亓(其)使人,必求备焉。"

  闻之曰:"行在己而名在人,名难静(争)也。[简甲十二]□(用)行不倦,持善不厌,唯(虽)世不□(识),必或智(知)之。是故[简乙五]君子强行,以待名之至也。君子闻善言,以改其[简甲十一]言;见善行,纳其身安(焉)。可谓学矣。"

闻之曰："可言而不可行,君子不言;可行而不可言,君子不行。"

……

从上面《从政》的这段文字,明显可以看出《从政》篇每一段落都应该以"闻之曰"起始。全篇完、残简统计,共出现了 13 次"闻之曰",如果加上第十枝简开头"曰"字前的"闻之"二字,就有 14 次。《从政》篇中的"闻之曰",其实和"子曰"是一样的意思——"闻之曰"的后面便是子思引述孔子的话。

◎联通上下文

第二章最后一句"小人之中庸也,小人而无忌惮也",唐代陆德明的《经典释文》中说:"魏王肃本作'小人之反中庸也'。"像宋代的程颐、朱熹等人也都认为此处应该有一"反"字。但"反"字不加也解释得通,因此并不影响理解。

前文中我们已经说到,朱熹所分章的第二章到第九章为一部分,这部分交替从君子和小人两方面谈面对"中庸"的不同样子。第二章提出的"时中"这一概念在儒家思想中的地位非常重要,因此单列一节。

第三节　小人时不中

《中庸》第三章

[原文]　　　子曰:"中庸其至矣乎,民鲜[1]能久矣!"

[注释]　　　[1]鲜(xiǎn):少,稀有。

[译文]　　　孔子说:中庸实在是一种极致的德行,常人中极少有能保持中庸的。

[通解]　　　本章从反面讲述小人时时不中。

跟《论语·雍也》中"中庸之为德也,其至矣乎,民鲜久矣"一样,本章强调中庸不是随随便便就能轻易达到的境地。虽然我们常说"物以类聚",但即便是孔子,也很难找到行中庸之道的朋友:

不得中行而与之,必也狂狷乎! 狂者进取,狷者有所不为也。(《论语·子路》)

孟子也知道中庸难得:"孔子岂不欲中道哉? 不可必得,故思其次也。"——难道孔子不想有行中道的朋友吗? 实在是这种人太罕见了,可遇而不可求,只好退而求其次,与勇敢进取、敢作敢当的狂者和言行谨慎、洁身自好的狷者为友。

需要注意的是,这里讲的是"民鲜能久矣"而非"民鲜能矣"。普通的"困难"之难,在于大部分人都做不到、达不到某一高度,对策就是寻求相应的方法,投入更多时间和精力去奋斗。而中庸之难,则在于既可能做得"不及",也可能做得过分。虽然某一点上做到了,但不能"久",转瞬即逝。这一章,孔子强调的是在单独一件事上做到中庸并不难,难在持久。下文便承接下去,讲中庸就在日常的"过"与"不及"之间。

《中庸》第四章

[原文]　　　子曰:"道之不行也,我知之矣:知者[1]过之,愚者不及也。道之不明也,我知之矣:贤者过之,不肖者不及也。人莫不饮食也,鲜[2]能知味也。"

[注释]　　　[1]知(zhì)者:智者。
　　　　　　[2]鲜(xiǎn):少。

055

　　孔子讲:"中庸之道为何难以实行,我知道原因了:智者常常做过了头,而愚者总是够不到。中庸的道理不能彰明于世间,我知道原因了:贤能的人做过了头,不肖之人又够不上去。如同人都是要吃饭喝水的,但是鲜有人能体会到其中的真滋味。"

[通解]　　本章承接上章的意思,讲述中庸为何难以做到。

我们一般觉得,人活于世,自然是越聪明越好,但常常出现"聪明反被聪明误"的故事。那是因为这些"聪明人"活得太刻意了,成天关注的是精明而非智慧。殊不知,自以为精明而看轻别人(甚至敌人),是更大的愚蠢。

《论语·先进》讲:"子贡问:'师与商也孰贤?'子曰:'师也过,商也不及。'曰:'然则师愈与?'子曰:'过犹不及'。"孔子认为子张的贤能过分,子夏的贤能不足。子贡按照一般人的想法追问:那相比之下还是子张好些喽? 但孔子指出:"过"和"不及"一样是偏离中道,两者之间没有谁高谁低。

在宋代,佛教信仰在知识分子之中极为风行,对此程颢曾说道:

　　昨日之会,大率谈禅,使人情思不乐,归而怅恨者久之。此说天下已成风……今日之风,便先言性命道德,先驱了知者,才愈高明,则陷溺愈深。

对于佛教的流行,程颢指出,佛教进入中国后吸收中国学问的范畴,谈论性、名、道德,兼之生死轮回、涅槃成佛的问题。相比之下,儒家讲论的都是朴素的道理。所以,天资越高、才华越突出的人往往越是对佛学趋之若鹜。儒家讲入世,天分高的人却都跑去跟青灯古佛为伴,这就是当时为程颢所叹惋的状况。

可见,儒家追求的"中庸之道"反对无节制、无目标的增长,智力也包含在内。每个人的天资不同,有的人在某些方面可能并不需要投入太多就能远超常人。因此孔子"因材施教"的理念对追求中庸之道特别重要:

> 子路问:"闻斯行诸?"子曰:"有父兄在,如之何闻斯行之?"
>
> 冉有问:"闻斯行诸?"子曰:"闻斯行之。"
>
> 公西华曰:"由也问闻斯行诸,子曰'有父兄在'。求也问闻斯行诸,子曰'闻斯行之'。赤也惑,敢问。"子曰:"求也退,故进之;由也兼人,故退之。"(《论语·先进》)

"听到了就去做,对不对?"公西赤不明白为什么老师有两个答案。孔子对此的解释是,冉求的行动力弱,常常畏缩不前,对他应当多鼓励。而本来就风风火火的仲由,需要的是有人提醒他谨慎行事。

每个人都是独立的生命个体。学习一种技术、掌握一项运动、会说一门语言，是有一定的规律和步骤的。但面对人生之路的智慧，没有统一的路线图，必须因人而异。

◎谁解其中味

每个活着的人，都要吃饭喝汤，但是谁知道其中的真味呢？——孔子这个说法提得好像有些没头脑，谁还不知道食物是什么味道吗？

但是还真有太多的人并不知道。

有的人是熟视无睹，习焉不察，像《孟子·尽心上》里说：

> 行之而不著焉，习矣而不察焉，终身由之而不知其道者，众也。

自己手里明明在做着这件事，却不知道为什么要做，这样的人太多了。《周易》里说对于普通人而言，"道"就是这样的，"百姓日用而不知，故君子之道鲜矣"——影响了自己一辈子的东西却非常陌生，就像人人都有着自己的"世界观"，但大部分人只是按照它去生活，却表达形容不出来。其实对待食物，大部分人也是这样的。

据联合国粮农组织 2012 年的报告，富裕国家的消费者每年浪费掉的食物，几乎等于整个非洲撒哈拉沙漠以南地区的粮食总产量。

"四海无闲田,农夫犹饿死",古代中国的农民经历了太多太多的苦难,很多时候粮食就等同于生命。而今天的中国,有时餐桌上的粮食又变成了面子;又有多少年轻人为了拼搏、为了远方,没法按时吃上一顿热腾腾的饭;不按时吃饭、暴饮暴食甚至变成了一种可堪夸耀的资本……

而有的人是颠倒错乱,耳目导心,像《孟子·告子上》里说:

> 公都子问曰:"均是人也,或为大人,或为小人,何也?"
>
> 孟子曰:"从其大体为大人,从其小体为小人。"
>
> 曰:"均是人也,或从其大体,或从其小体,何也?"
>
> 曰:"耳目之官不思,而蔽于物。物交物,则引之而已矣。心之官则思,思则得之,不思则不得也。此天之所与我者。先立乎其大者,则其小者不能夺也。此为大人而已矣。"

人之所以为人,在于人拥有理性。而在现实生活中,有的人为了满足口腹之欲而残害生灵,有的人为了眼前利益破坏自然环境。这种对欲望的纵容反过来终将吞噬自己:

> 五色令人目盲;五音令人耳聋;五味令人口爽;驰骋田猎,令人心发狂;难得之货,令人行妨。(《老子·第十二章》)

孟子讲"食色,性也",相对于"食",一些人对于"性"的态度可能更为不理性。一方面,他们在学校教育、家庭教育里刻意回避有关性的问题,"大学毕业之前不让你谈恋爱,大学毕业了又要立刻有个王子来娶你"。另一方面,在社会上一些传媒和营销中,"软色情"比比皆是,甚至在网络空间里营造了一种语境,如果你敢对"性"的话题说个"不"字,就会被冠以"老封建""老顽固"之名。

食物,代表了太多,却单单不是它自己。而脱离了爱的"性",也就只剩下"欲望"和"繁殖"了——还真的很难说我们确实理解这些与生活最息息相关的事物。

《中庸》第五章

[原文]　　子曰:"道其不行矣夫!"

[译文]　　孔子慨叹:"大道恐怕是不能流行天下了吧!"

[通解]　　朱熹讲:"由不明,故不行。"我们连这生活最基本的层面——"食色,性也"都处理不好,就不必去谈更加高远的东西了。这么看来,中道怕是不可能做到了吧?

这是孔子自己的感叹。但与此相反的,是孔子的实际行动。他一生都没有放弃希望,没有放弃追求理想。这种悲观

的预期,或者说忧患意识,只会激励真正的儒者居安思危、砥砺前行。《论语·宪问》记道:

> 子路宿于石门。晨门曰:"奚自?"子路曰:"自孔氏。"曰:"是知其不可而为之者与?"

某天子路在石门住宿,早上看门之人问道:"你从何处来的?"子路答曰自孔夫子处。对方直接说:"就是那位已经知道不能还坚持去做的先生吧?"于此,可见理想的邈远与孔子的坚定,恰如罗曼·罗兰所说:"世上只有一种英雄主义,就是在认清生活真相之后依然热爱生活。"

每个民族,都有自己的精神气质。庞朴先生将中国人文精神的整体,概括为"忧乐圆融":

> (20世纪90年代初)台湾的知识分子首先提出了"忧患意识"问题,《易传》里其实早就有这个思想了,只是一直没有受到特别的重视,台湾知识分子先提了出来。按照中国传统说法,有"忧患意识"就是要居安思危。……后来李泽厚正是针对这种"忧患意识"提出了"乐感文化",所谓"孔子穷于陈蔡之间,七日不火食,藜羹不糁,颜色甚惫,而弦歌于室";颜渊"一箪食,一瓢饮,在陋巷,人不堪其忧,回也不改其乐",都是这种精神的体现。
>
> 李泽厚是强调了另一面,但是很显然两者都不能完

整地概括中国知识分子的精神追求。作为修正，我提出了"忧乐圆融"的说法，就是说既要有"忧患意识"，又要有"乐天知命"的精神，该忧患的时候忧患，该乐天的时候乐天，不能因为忧患而整天愁眉苦脸，也不能因为要"乐天知命"而不去居安思危。"忧乐圆融"的思想是中国知识分子很好的人生价值追求。

这种融通、因时而变的人生态度，亦是中道精神的表现。

《中庸》第六章

[原文]　　子曰："舜其大知[1]也与！舜好问而好[2]察迩[3]言，隐恶而扬善，执其两端，用其中于民，其斯以为舜乎！"

[注释]　　[1]知(zhì)：智。

[2]好(hào)：喜爱，与恶(wù)相对。

[3]迩(ěr)：近，与"遐"相对。

[译文]　　孔子讲："舜是可以称为有大智慧的人了！舜能虚心向人求教，即便看起来很浅显的言论也能认真地体察。将其中不合情合理的恶言隐去，宣扬其中有价值的善言。舜能够把

握住事情的两端,而选取中道施于百姓。正因为舜能够将天下万民万物的智慧都为己所用,舜才得以成为圣人。"

[通解] 本章从正面出发,讲述了作为领导者的舜能行中庸之道的原因以及他求取中道的方法。

舜求取中道的第一步就是"好问"——善于学习,兼听则明,始终用开放的心态面对外界。《孟子》里讲:

> 子路,人告之以有过,则喜。禹闻善言,则拜。大舜有大焉,善与人同,舍己从人,乐取于人以为善。自耕稼、陶、渔以至为帝,无非取于人者。取诸人以为善,是与人为善者也。故君子莫大乎与人为善。(《孟子·公孙丑上》)

如果有人指出子路的过错,子路会很高兴。禹听到别人好的见解,都会拜谢对方。大舜在这方面,比他们两人更进一步。不论是最初从事的种地、烧陶、打鱼,还是后来的执掌天下,舜都是从其他人那里学来的。尤其是作为一位领导者,始终虚怀若谷,能听得进去别人的意见,这是比"智力"重要得多的大"智慧"。

再博学多才之人也不是全知全能的,孔子同样如此:

> 子曰:"吾有知乎哉?无知也。有鄙夫问于我,空空

如也。我叩其两端而竭焉。"(《论语·子罕》)

孔子承认自己的"无知",当樊迟请教学稼,孔子说"吾不如老农";请学为圃,孔子说"吾不如老圃"。当有人提出他不了解的问题时,孔子会从事物的两极开始推敲,从而尽量接近中道。

舜求取中道的第二步是"好察迩言"。我们知道"闻名遐迩""迩之事父,远之事君","迩"即"近"的意思,后人对"好察迩言"有两种解释:

一是认为"迩言"是指浅近之言。比如普通老百姓的言论,也许没有太多深奥的、抽象的思考在里面,但其中包含了普通百姓的真实感受。《战国策》中曾记载有人谏言曰:

听者听国,非必听实也。故先王听谚言于市,愿公之听臣言也。(《战国策·韩一·或谓公仲曰》)

此即是说:吸纳意见的人,要从国人那里听取,不必非得从贤人高官那里听取。我们的先王就曾在市集中听人聊天,愿您能像他一样听在下一言。因此说"好察迩言"指的是能够时刻倾听民生疾苦,在寻常处发现问题。

二是认为"迩言"是指近人之言,比如亲人或者近臣的言论。"好察迩言"指的是能够明辨近人之言,不被一时或者一方面的信息蒙蔽。《大学》中也讲道:

人之其所亲爱而辟焉,之其所贱恶而辟焉,之其所畏敬而辟焉,之其所哀矜而辟焉,之其所敖惰而辟焉。故好而知其恶,恶而知其美者,天下鲜矣。故谚有之曰:"人莫知其子之恶,莫知其苗之硕。"

人受到亲近之人的意见的影响最大,而这往往会蒙蔽我们的判断力。不论是在生活中还是历史上,不难发现,喜欢一种事物而能洞察其缺陷、厌恶一个事物而能发现其优点,其实是很难做到的。这也是舜能够把握"中道"的一个具体侧面。

舜求取中道的第三步是"隐恶扬善"。只是一味地接收、接收、接收,不可能成为领导者。正如古代的军队必有谋臣策士,现代部队中要设有参谋,但最终下命令的还是将军本人。身为领导者,要有自己的判断标准。舜的标准是"隐恶而扬善",对于别人的意见,宣扬好的而隐去恶的,把关注点放在光明的一面。

孔孟同样强调这样的认知方式:

夫子见人之一善而忘其百非,是夫子之易事也;见人之有善,若己有之,是夫子之不争也;闻善必躬行之,然后导之,是夫子之能劳也。(《孔子家语·六本》)

躬自厚而薄责于人。(《论语·卫灵公》)

待人宽容,对己严格。珍视别人身上的闪光点,而不是尖酸苛刻,这就是孔子让人愿意接近、愿意与之相处的原因。类似的,孟子主张性善论,并不是他迟钝到察觉不出人性恶的一面,而是孟子认为把握善性、珍惜善性、发扬善性更为重要。就像今天我们弘扬"正能量",是重视它正面的激励与自我超越的作用,而不是脱离实际,去否定"负能量"的客观存在。

舜求取中道的最后一步是落实——"用中于民"。鲁迅先生讲"一要生存,二要温饱,三要发展",任何个人、集体、国家无不如此。在稳定的基础上继续进步,太过激进则破坏稳定,太过保守则影响发展。因此要执其两端而用其中,这是中庸之道在社会管理上的表现。

譬如教育学中"最近发展区"的概念:前苏联心理学家维果斯基最早提出,学生的"水平"可以区分为两种,一是学生现有的水平,另一种是学生可能达到的发展水平,也就是靠教与学来开发出的潜力。这两者之间的空间就是"最近发展区"。这提示教育者,首先衡量学生能力与自己的教学水平,再设定难度恰当的目标。内容太易,则浪费时间,消耗学生的兴趣;内容太难,则无法完成,折损学生的信心。

如果用社会管理中的情况举例,这种从两端向"中"不断推进的思考方法,在经济学方面表现最为鲜明:

经济学数百年的发展，一言以蔽之，只不过是《中庸》伟大哲理的小小脚注。经济增速太高不行，太低亦不行；收入分配太平均不行，太不平均亦不行；通货膨胀不行，通货收缩亦不行；完全市场化不行，完全政府化亦不行；税率太低不行，税率太高亦不行；利率太高不行，利率太低亦不行；完全封闭经济自然不行，完全开放经济亦不行；金融不发达不行，金融过度发达亦不行……

举凡经济学所有命题，皆必须符合《中庸》首创的"致中和"原理，亦即我们必须努力找到最优经济增长速度、最优通货膨胀率、最优收入分配比例、最优市场和政府边界（譬如所谓"科斯定律"），最优税率（譬如所谓"拉弗曲线"），最优利率，最优经济开放度，最优金融发展度或金融深化度。经济学发展到今天，数学演算复杂非凡，却至今还没有找到上述这些关键的"致中和"指标。（向松祚《经济学里的"中庸"——全球金融反思系列之一》）

《中庸》第七章

[原文] 　　子曰："人皆曰予知[1]，驱而纳诸罟[2] 擭[3] 陷阱之中，而莫之知辟[4]也。人皆曰予知，择乎中庸而不

能期月[5]守也。”

［注释］　　　　　［1］知（zhì）：智。

　　　　　　　　［2］罟（gǔ）：捕捉鸟或鱼的罗网。

　　　　　　　　［3］擭（huò）：带机关的捕兽木笼。

　　　　　　　　［4］辟（bì）：通“避”，躲避。

　　　　　　　　［5］期（jī）月：整月，指时间不长。

［译文］　　　　　孔子说凡常之人：“人人嘴上都在说‘我知道’，却总是像飞禽走兽被猎人驱赶到了网罗陷阱中一样，不知躲避；人人嘴上都在说‘我明白’，选择了中庸之道，却连一个月都坚持不了。”

［通解］　　　　　本章再从反面谈，讲述了常人难得中庸之道的原因。

　　　　　　　　此章起到承上启下的作用。前一句讲常人的自以为是，与上章舜的开明通达相对。后一句讲常人执中不能持久，与下章颜回的坚持不懈相对。

《中庸》第八章

［原文］　　　　　子曰：“回[1]之为人也，择乎中庸，得一善，则拳拳[2]服膺[3]而弗失之矣。”

　　　　[1]回：颜回，孔子最欣赏的弟子。

　　　　[2]拳拳：本意是紧握不舍，引申为诚恳、深切。

　　　　[3]服膺(yīng)：谨记在心。服，放置。膺，胸口。

[译文]　　　孔子称赞颜回："颜回选择追求中庸之道，如果领悟到一点善端、一种好的道理，就会谨记在心，再不让它失去。颜回是这样为人处世的。"

[通解]　　　本章第三次从正面谈，讲述了作为普通人的颜回是怎样行中庸之道的。

◎为什么要学习

"知之者不如好之者，好之者不如乐之者"，颜回作为孔子最喜爱的弟子，他身上最突出的优点就是乐学不厌，这一点是其他所有人都无法比拟的：

　　　　贤哉，回也！一箪食，一瓢饮，在陋巷，人不堪其忧，回也不改其乐。(《论语·雍也》)

　　　　哀公问："弟子孰为好学？"孔子对曰："有颜回者好学，不迁怒，不贰过，不幸短命死矣。今也则亡，未闻好学者也。"(《论语·雍也》)

只有好学还不够,勤学苦练本身不是目的,而是达到目标的修炼过程。颜回能够认识到学习的最终意义所在——成为合乎中道的君子,造福苍生——因此能自觉地坚持不懈,这是更为难能可贵的:

子曰:"回也,其心三月不违仁,其余则日月至焉而已矣。"(《论语·雍也》)

颜渊喟然叹曰:"仰之弥高,钻之弥坚,瞻之在前,忽焉在后。夫子循循然善诱人,博我以文,约我以礼,欲罢不能,既竭吾才,如有所立卓尔。虽欲从之,末由也已。"(《论语·子罕》)

反观我们许多人的学习,都是为了外在的目标。一旦这个目标达到,就重又陷入了迷茫里。上大学之前,学习只是为了考一所好大学,那考上之后就失去了动力;上大学之后,学习只是为了一份高薪的工作,那在中年时又开始怀疑自己的职业价值;不学无术的人还反过来"嘲笑"好学的人。这些都是屡见不鲜的事实——永远陷在叔本华所言的境地里面打转:"人生就是一团欲望,当欲望得不到满足便痛苦,当欲望得到满足便无聊。"

因此儒家强调的"学",从来不是仅指学校教育或者家庭教育等某一种,儒家推崇的是终身学习、终身修行。许多人,尤其年轻人不爱上学、不喜欢课堂，是因为只感受到了"学习"把自己强制留在桌子边、限制自由的那一面。而学习真正的意义，实则在于求知的乐趣与个人的成长，这是有些人终其一生都不曾体会到的感觉。

"玉不琢，不成器；人不学，不知义。"就像《孔子家语·子路初见》中讲的子路与孔子的初次见面：

> 子路见孔子，子曰："汝何好乐？"对曰："好长剑。"孔子曰："吾非此之问也，徒谓以子之所能，而加之以学问，岂可及乎？"
>
> 子路曰："学岂益哉也？"孔子曰："夫人君而无谏臣则失正，士而无教友则失听。御狂马不释策，操弓不反檠。木受绳则直，人受谏则圣。受学重问，孰不顺哉？毁仁恶士，必近于刑。君子不可不学。"
>
> 子路曰："南山有竹，不揉自直，斩而用之，达于犀革。以此言之，何学之有？"孔子曰："括而羽之，镞而砺之，其入之不亦深乎？"
>
> 子路再拜曰："敬而受教。

子路初次拜见孔子，孔子说："什么是你特别喜爱的？"子路回答说："我喜长剑。"孔子说："我不只是问你这个，我是说以你现有的能力，再加上努力学习，谁能比得上你呢？"

子路反问："学习真的有用吗？"孔子说："国君没有敢于

直谏的臣子就容易失去正道,读书人没有敢于指正他的朋友就容易失去判断力。马已经开始狂奔就不能放下鞭子了,弓已经拉开了就不能再调弓弦了。木料用墨绳来丈量就能笔直,人能接受劝诫就能成为圣人。勤学苦练,重视学问,谁能不顺利成功呢?诋毁仁义还厌恶读书人,就离触犯刑法不远了。所以真君子不可不学习啊。"

子路又问:"南山的竹子,不需要你矫正自然就是直的,砍下来用作箭杆可以射穿犀牛皮。已经这么厉害了,还用得着学习吗?"孔子说:"做好箭栝还要装上羽翼增加稳定性,做好箭头还要打磨锋利提高穿透力,这样的箭不就射得更深吗?"子路两拜,说:"我愿恭敬地接受您的教诲。"

从过程来讲,"学"是磨砺已知与获得新知的过程,是为了满足好奇心和求知欲;从结果来讲,"学"让一个人能够看到更广阔的风景、更远处的未来,让一个人有能力做出选择、做出改变,有能力让自己和自己所爱的人乃至所有人过得更好。

◎天才与人才

每个人的禀赋不同。古往今来,只有极少数人像舜那样天生圣人。"及其闻一善言,见一善行,若决江河,沛然莫之能御也。"(《孟子·尽心上》)只是稍一点拨就"开窍"了,拦都拦不住。这类人可以称为"天才"。

而常见的是,绝大多数人需要通过后天的学习,发现、发

挥自己的长处,弥补自己的短板。就像颜回:

> 颜渊问仁。子曰:"克己复礼为仁。一日克己复礼,天下归仁焉。为仁由己,而由人乎哉?"
>
> 颜渊曰:"请问其目。"子曰:"非礼勿视,非礼勿听,非礼勿言,非礼勿动。"
>
> 颜渊曰:"回虽不敏,请事斯语矣。"(《论语·颜渊》)

> 子曰:"吾与回言终日,不违,如愚。退而省其私,亦足以发,回也不愚!"(《论语·为政》)

孔子和颜回自己都知道,颜回不是一个机敏灵动的学生,但他是最能踏踏实实去践行的学生。我们看今日孔庙祭祀的排位中,在孔子旁边是四配:复圣颜回、宗圣曾参、述圣子思、亚圣孟轲。颜回既没有什么著作流传于后世,也没有功德显赫的弟子或后代,那为何他在儒家心目中的地位如此之高?

其核心的原因,在于他的好学,他能将所学付诸实践,这是任何人,包括孔子其他任何一个弟子都不能相比的。可以说,颜回是"人才"之中的典范。

颜回像

第六章讲到舜行中道,此章又讲到颜

回行中道,其中的区别是天才与人才、先天与后天之分,相同的是每个人都可以通过自己的努力最终成为儒家心目中的圣人,殊途同归。而人天生的禀赋有高低之分,这一点没什么好否认的。天生圣贤是可遇而不可求的,在孔子的历史观念中,也只有尧、舜、禹、汤、文、武、周公等极少数古人有这种绝高的天赋,他们是作为一种理想目标而存在的。

而颜回的好学与坚持,是他自己后天的选择。我们每个人都有潜力成为颜回、超越颜回,这种可能性就在我们自己的人生选择之中。对照颜回,就像今天常说的一句话:比你优秀的人都在努力,那你呢?

《中庸》第九章

[原文]　　子曰:"天下国家可均[1]也,爵禄[2]可辞也,白刃[3]可蹈[4]也,中庸不可能也。"

[注释]　　[1]均:平定、治理。

[2]爵禄:爵位与俸禄。

[3]白刃:锋利的刀。

[4]蹈:踩、踏。

[译文]　　孔子说:"大到天下小到一个国家是可以平定治理的,官爵俸禄是可以推辞不要的,利刃尖刀是可以踩踏而过的,但

中庸却很难做到。"

［通解］本章第三次从反面谈,讲述中庸之道难行。

做一个国家的合格国君,乃至全天下共同拥戴的好天子,不是不可能的:

> 荆公子行年十五而摄荆相事。孔子闻之,使人往观其为政焉。使者反曰:"视其朝,清净而少事,其堂上有五老焉,其廊下有二十壮士焉。"孔子曰:"合二十五人之智,以治天下,其固免矣,况荆乎?"(《孔子家语·六本》)

孔子听说楚公子十五岁就代理楚相的职务,便派使者前去考察他为政治国的情况。使者归来,禀报孔子说:"我观察他国的朝堂,清净而少有政事。厅堂上有五位老先生,廊下有二十个有能力的中年人。"孔子表示敬重:"集合这么二十五人的智慧,就是天下也能治理得平安无事,何况只是楚国一国呢?"作为国家的领导者,不必也不可能事事都精通,更为重要的是有识人用人的眼光、广纳百川的胸襟和大事上的决断。像楚国,有二十五位重臣的鼎力支持,即使十五岁的少年也可以治理好国家。所以说"天下国家可均也"。

◎中国人的天下观

在许多古代典籍中,都有"天下国家"的说法,像《孟子》中已经提到:

> 孟子曰:"人有恒言,皆曰'天下国家'。天下之本在国,国之本在家,家之本在身。"(《孟子·离娄上》)

"俗话常说'天下国家'",可见早在孟子之前,"天下国家"就是一个常用的固定词汇。这也是中国人"天下"观念的体现,是夏商周三代几百年在中原地区生活发展而形成的。

在三代的文化观念之中,"天下"是一个统一的整体:"得天下",首先指的是取得了当时的中原地区的文明人所居的所有土地;其次意味着得到了居住于此所有人民的支持拥护,即"得民心";最终才是政治意义上的"四海一家"——土地、人民、政权,都只能有一个唯一的最高领导者,这就是所谓的"溥天之下,莫非王土;率土之滨,莫非王臣"。

一个诸侯国就是一个"片区",而某个诸侯国的国君,就是天子统管之下的一个"小队长"。这也就是为什么周文王当初已经"三分天下有其二",却还是在"以服事殷"(《论语·泰伯》),服在商纣王的治下。因为在当时中国人的天下观念中,公认的天子还是商纣王,这个朝代还是殷商。天下是一个整体,天子只有一位。周的地盘再大,顶多算是一个"大队长"。

中国人的"天下"观念,已经植根于中华文化精神的最深层。中华文明的"天下",不是靠政权、靠地域、靠民族血缘或者靠宗教信仰,而是通过文化认同而凝聚在一起的。这种归属感,决定了幅员辽阔的中国无论由于战争、政权分裂多久,终将再次归于统一。

◎事了拂衣去

做出功业,赢得高官厚禄而不取,这不仅是可能的,更是中国传统士人的一种理想。如《论语》中所讲:

> 君子之于天下也,无适也,无莫也,义之与比。(《论语·里仁》)

> 君子义以为上。(《论语·阳货》)

君子去做有利于天下苍生的事,只是因为"义"之所在。为了大义而付出,在这一点上即使和儒家主张相对立的墨家也是如此:

> 他人之急难,虽或无与于我,无求于我,然认为大义所在、大局所关者,则亦锐身自任之,而事成不居其功,

如墨子、鲁仲连之徒是也。（梁启超《中国之武士道》）

像鲁仲连，只做自己认为正确的事而绝不受赏，是战国策士中的风范所在：

> ……于是平原君欲封鲁连，鲁连辞让者三，终不肯受。平原君乃置酒，酒酣起前，以千金为鲁连寿。鲁连笑曰："所贵于天下之士者，为人排患释难解纷乱而无取也。即有取者，是商贾之事也，而连不忍为也。"遂辞平原君而去，终身不复见。
> ……（田单）归而言鲁连，欲爵之。鲁连逃隐于海上，曰："吾与富贵而诎于人，宁贫贱而轻世肆志焉。"
> （《史记·鲁仲连邹阳列传》）

平原君和田单等人，都想要酬谢鲁仲连。但鲁仲连以为，做义举都是从心而为，为求回报而做事就是商人的举动了。所以他选择"事了拂衣去，深藏身与名"。

在汉代之后，这种精神又加之老庄思想中飘逸出世思想的影响，"功成身退"更成为一种理想的选择。比如西晋名士左思，又如狂傲如李太白，都将鲁仲连视作自己的偶像：

> 功成不受爵，长揖归田庐
> （左思《咏史其一》）

吾慕鲁仲连，谈笑却秦军。

当世贵不羁，遭难能解纷。

功成耻受赏，高节卓不群。

（左思《咏史其三》）

结发未识事，所交尽豪雄。

却秦不受赏，击晋宁为功。

托身白刃里，杀人红尘中。

当朝揖高义，举世钦英风。

（李白《赠从兄襄阳少府皓》）

我以一箭书，能取聊城功。

终然不受赏，羞与时人同。

（李白《五月东鲁行答汶上君》）

功成又能身退，代表着为天下苍生有所作为，但又不以此谋取私利、居功自傲，这正是许多传统士人的理想，所以说"爵禄可辞也"。

"白刃可蹈"亦不难理解。虽说在日常生活中谁也不愿去"上刀山、下火海"，但是放到广阔的历史中来看，即使面对天大的困境，都会涌现出勇者去冲锋、去挑战"不可能"，就像鲁迅先生说的：

> 我们从古以来,就有埋头苦干的人,有拼命硬干的人,有为民请命的人,有舍身求法的人,……虽是等于为帝王将相作家谱的所谓"正史",也往往掩不住他们的光耀,这就是中国的脊梁。(鲁迅《中国人失掉自信力了吗》)

简单地说,治理好天下国家须有大智大德,能推辞掉到手的金钱地位须有高洁的情怀和超脱的思想,敢于迎着刀锋而出击须有真正的勇气和清醒。这些都是难事,是大多数人做不到的,但它们也没有执守中道那么难。

◎行中道,有何难?

之所以说行中庸之道更难,一方面是因为行中庸之道必须要多种品质的结合。智、仁、勇、义,在其中某一方面特别突出,也许就可以做到以上这几点。比如汉武帝、唐太宗都是一代明君,治国的典范。又如庄子、陶渊明是隐士中的高人。他们固然已经远在常人之上,但和儒家所追求的中庸之道、中和境界还有距离。这就是天生圣人的舜所为人不及的地方。

另一方面,是中庸之道需要恒久保持,就像我们常说的:"做一件好事不难,难的是做一辈子好事。"遇到一位明君、名臣、名将或许可以保二三十年的太平,拒绝第一次贿赂可能轻而易举,一次挺身而出仗义执言或许可以做到,这在历史和现实中都有无数例子。而难在保持一生,始终不偏不倚。这就是勤学力行的颜回所为人不及的地方。

中庸之道难行,还在于它的凡常。人人都知道做一个好领导很难,拒绝递到手里的利益很难,双拳难敌四手,但要说做到不偏不倚很难,大多数人估计都没什么感觉。这就是前文说到的"人皆曰予知"。

◎本编小结

读到这里,我们可以清楚地看到《中庸》第一部分这八章的思路:

> 杨升庵云:"道其不行矣夫!"其故只为不明,故喝之。下即以舜之明榜之。"人皆曰予知",其故只为不行,故叹之。下即以回之行榜之。一热喝,一冷叹,总是婆心。(张岱《四书遇》)

第二章讲君子、小人之间的区别,在中道上表现尤其显明。

第三章慨叹中道之难。

第四章讲智者、愚者各有问题,皆易偏离中道。

第五章慨叹中道不明亦不行。

第六章以舜为例,讲如何明晓中道。

第七章讲常人自以为是,不能坚持行中道。

第八章以颜回为例,讲坚持行中道。

第九章讲与寻常的困难相较,中道如何难。

这一部分行文中一正一反,孔子将中庸之道描述得如此难以达到,而又指出榜样的存在,最终是砥砺我们前行的意思。毕竟踮踮脚就能触到的,不配叫作"理想"。

第三编：
儒家，耕耘在社会中

儒家思想与其他宗教性的思想最大的不同，在于儒家强调在社会中修行，强调此生此世，始终不离现实人间。

"天下名山僧占多"，许多宗教都强调信徒的清修苦行，避世而居。而儒家思想的结构，就是从孝悌这样对家人亲人的爱起步，由自己的家庭进而推及到社会国家这一大家庭，进而到祖先与神灵。对于自己之前的时代，儒家表示敬畏；对于自己死后的时间，儒家表示审慎："未知生，焉知死。"儒家的一切努力，都耕耘在现实社会中。

儒学是宗教吗？

儒家的主张、学说，就是儒学。用儒学来进行治理、教化，就是儒教。直到近代，西学的内容开始在中国广泛传播，才有了我们现在所讲的"宗教"的概念，这一概念在中国的出现本身就是晚于儒学的。

大部分中国学者所持的观点都认为儒学并非"宗教"，儒教之"教"指教化。日本、韩国学者基本也是持这种观点。而在东南亚的菲律宾、马来西亚等国就是另一种情况，他们认为儒教是和其他宗教并列的宗教之一。近代以来也有不少中国知识分子主张儒教是宗教，孔子为一教之主的观点。

归根结底，在于我们如何定义"宗教"。按照基督教、佛教、印度教、伊斯兰教等的组织形式及现代大学学科分类意义上的"宗教"的定义来看的话，儒教显然不是一种宗教。而从影响力或是信仰的角度来说，儒学确是一种有中国特色的宗教。

儒家思想与其他宗教性的思想最大的不同，在于儒家强调在社会中修行，强调此生此世，始终不离现实人间。

"天下名山僧占多"，许多宗教都强调信徒的清修苦行，避世而居。而儒家思想的结构，就是从孝悌这样对家人亲人的爱起步，由自己的家庭进而推及到社会国家这一大家庭，进而到祖先与神灵。对于自己之前的时代，儒家表示敬畏，对于自己死后的时间，儒家表示审慎："未知生，焉知死。"儒家的一切努力，都耕耘在现实社会中。

孔孟是如此,孔孟之后的儒学发展、儒生的出处浮沉,都跟中国社会的历史一直紧紧联系在一起。

比如说王阳明的心学,"你未看此花时,此花与汝心同归于寂;你来看此花时,则此花颜色一时明白起来"。按照马克思主义的哲学的分类,属于主观唯心主义,貌似是离现实最远的一类了。但是王阳明本人则是一位常带兵、总打胜仗的文士:"终明之世,文臣用兵制胜,未有如守仁者也。"(《明史·王阳明传》)在他心学的思想体系中也非常重视实践,强调"知行合一"。修行可不是空口白话那么简单,能落到实处才叫功夫:

> 人须在事上磨炼,做功夫乃有益。若只好静,遇事便乱,终无长进。(王阳明《传习录》)

第一节　真正的强大

《中庸》第十章

[原文]　　子路问强。子曰:"南方之强与? 北方之强与? 抑而[1]强与? 宽柔以教,不报[2]无道,南方之强也,君子居之。衽金革[3],死而不厌,北方之强也,而强

者居之。故君子和而不流，强哉矫[4]！中立而不倚，强哉矫！国有道，不变塞焉，强哉矫！国无道，至死不变，强哉矫！"

［注释］　　［1］抑：抑或，还是。而：你，代词。

［2］报：报复。

［3］衽(rěn)金革：枕戈待旦、随时警惕的样子。衽，卧席，此处用作动词，躺卧。金，金属制的武器。革，皮革制的盔甲盾牌。

［4］矫：强盛的样子。

［译文］　　子路问孔子："怎样才算是强大呢？"

孔子说："你所指的强大，是南方的强呢，还是北方的强呢，或者是你自己认为的强呢？用柔和宽厚的胸怀教化人，不去报复对自己蛮横无礼的人，这是南方式的强，品行高洁的人选择这种方式；以铠甲兵器为枕席，对于战死沙场毫不畏惧，这是北方式的强，勇武刚烈的人选择这种方式。对比他们后，我觉得我认为的君子，是与大家和平共处但不随波逐流，这才是真正的强大；敢于保持中立而不偏不倚，这才是真正的强大；就算国家清明发达，也不改变曾经的操守，即使国家昏暗无道，但至死不改变坚持志向，才是真正的强大。"

◎南方之强和北方之强

《道德经》中的"强"，代表着孔子所说的"南方之强"：

> 天下之至柔，驰骋天下之至坚。
>
> 人生之柔弱，其死坚强。万物草木生之柔脆，其死枯槁。故坚强者死之徒，柔弱者生之徒。是以兵强则不胜，木强则共。故坚强处下，柔弱处上。
>
> 柔胜刚，弱胜强。

道家的世界观，简而言之是"人法地，地法天，天法道，道法自然"，人道等同于大自然之道，自然之道又等同于天道，三者间没有冲突。因此道家强调自然规律可以直接套用在人类社会上，也推崇人复归于自然。

所以道家对于"强"的理解，也从对自然的观察出发：自然中最柔软的，譬如初生的小动物、刚刚抽出的嫩芽，还有婴儿，他们是最柔弱也同时蕴含了最大生命力的存在。与此相对，越是坚硬，却往往越是接近于枯槁死亡。

孔子并不完全赞同这种追求绝对柔弱的"南方之强"：

> 或曰："以德报怨，何如？"子曰："何以报德？ 以直报怨，以德报德。"（《论语·宪问》）

而冲锋陷阵的战将之勇,即"北方之强",更是儒家所反对的:

> 暴虎冯河,死而无悔者,吾不与也。必也临事而惧,好谋而成者也。(《论语·述而》)

应当恐惧而毫不恐惧,丢掉性命而不知悔改的勇,就跟"鲁莽"没什么两样了。孔子认为,对于危险之事不能不假思索就挺身而出,应当看清当下的环境,不莽撞,镇定思考对策而后动,才是恰当的做法。

过分的刚强与柔和,都是儒家所反对的。从这里能特别鲜明地看到儒家思想与其他思想理论的不同之处:道家讲用弱,墨家、法家讲用强,而儒家追求的是用中。秉持中道,是最终且最持久的强大。这远比一时的胜利、一时的强盛重要。

◎掌控心中的勇敢

历史上成名的战将,都能认识到"控制"勇敢的重要。比如古罗马的阅兵式,称为凯旋式(拉丁语 triumphus)。凯旋式是古罗马授予取得重大军事成果,特别是那些打赢了一整场战争的军事将领的庆祝仪式。对于贵族,凯旋式是最大且最受欢迎的荣耀。而在凯旋者身后,战车上面还站着一个奴隶,不断提醒他:"你不过是一个凡人。"又比如日本战国三英杰之一的德川家康也说过："愤怒是敌""只知胜而不知败，必害其身。"再如《圣经》的告诫："不轻易发怒的，胜过勇士；治服己心的，强如取城。"这些都是提醒我们，一时压倒对手并不算强大，在此之上还有更高的境界。

任何优秀的人类文明中，都将"勇敢"视为美德，儒家也不例外。而有特色的是，儒家特别强调对于"刚勇"要加以限制：

见义不为，无勇也。（《论语·为政》）

勇而无礼则乱。（《论语·泰伯》）

好勇疾贫，乱也。（《论语·泰伯》）

好勇不好学，其蔽也乱；好刚不好学，其蔽也狂。（《论语·阳货》）

子路曰："君子尚勇乎？"子曰："君子义以为上。君子有勇而无义为乱，小人有勇而无义为盗。"（《论语·阳货》）

孔子谓子路曰："君子而强气，而不得其死；小人而强气，则刑戮荐蓁。"（《孔子家语·好生》）

颜回问子路曰:"力猛于德而得其死者鲜矣,盍慎诸焉?"(《孔子家语·颜回》)

以上种种说法,不一而足。由此可以看到,孔子认为:刚勇的人至少要有为、有礼、有智、好义、好学,才能把勇气用对地方,否则勇气可能就是莽撞,反过来伤害自己和亲人,甚至遭受"强梁者不得其死,好胜者必遇其敌"的境遇。孔子是认同新渡户稻造《武士道》中的观点的:"勇气几乎不能算是美德,除非它用在正义行为中。"

真正的强大是坚定地秉持中道,不因外界环境而改变。孟子讲的"大丈夫"气概也是指这一点:

景春曰:"公孙衍、张仪岂不诚大丈夫哉?一怒而诸侯惧,安居而天下熄。"

孟子曰:"是焉得为大丈夫乎?子未学礼乎?丈夫之冠也,父命之;女子之嫁也,母命之,往送之门,戒之曰:'往之女家,必敬必戒,无违夫子!'以顺为正者,妾妇之道也。居天下之广居,立天下之正位,行天下之大道;得志,与民由之;不得志,独行其道。富贵不能淫,贫贱不能移,威武不能屈,此之谓大丈夫。"(《孟子·滕文公下》)

孟子认为，公孙衍、张仪之类的纵横家，看上去风光无限，也只不过是充当一国之君的鹰犬，并没有属于自己的观点与理念。能不屈不挠，始终不忘初心，方才称得上是大丈夫。

颜回、子贡、子路是与孔子关系最为密切的孔门三大弟子。子路是孔门弟子中"勇"的代表，为人刚正，性格直爽，而且年龄只比孔子小九岁，所以在《论语》《孔子家语》中我们常常可以看到子路请教，甚至质疑老师，而孔子关于"勇"的议论也常常是因子路而发。本章同样如此。

子路像

勇气和知识一样，一定要有更高的追求来指引，否则反而可能害人害己，就像朱熹注解中说的：

"夫子以是告子路者，所以抑其血气之刚，而进之以德义之勇也。"（朱熹《四书章句集注》）

《中庸》第十一章

[原文]　子曰："素隐行怪，后世有述焉，吾弗为之矣。君子遵道而行，半涂[1]而废，吾弗能已矣。君子依乎中庸，遁世[2]不见知而不悔，唯圣者能之。"

[注释]　[1]半涂：即半途。

［译文］ 孔子讲:"喜欢探寻偏僻奇怪的道理,好做一些怪诞奇特的行为,对于这种人也许后世还会有人来称述他,但我是不会这么做的。君子遵循中庸之道,有的人可能半途而废,但我不会在中途就放弃。君子按照中庸的道理去做事,就算终生都不被人了解也不后悔,只有圣人才能做得到这个程度。"

［通解］ 本章承接上章的意思,讲君子行中和之道,要坚持不懈,不为外物所动。

"素隐"是什么意思? 古人主要有两种不同观点:

一种观点认为"素"为平素、平常的意思,跟后面出现的"素其位而行"里的"素"是一样的。"素隐"就是指以隐居为日常,避世而处的隐士们。《孟子》中记的陈仲子就是一个典型:

匡章曰:"陈仲子岂不诚廉士哉? 居于陵,三日不食,耳无闻,目无见也。井上有李,螬食实者过半矣,匍匐往将食之,三咽,然后耳有闻,目有见。"

孟子曰:"于齐国之士,吾必以仲子为巨擘焉。虽然,仲子恶能廉? 充仲子之操,则蚓而后可者也。夫蚓,上食槁壤,下饮黄泉。仲子所居之室,伯夷之所筑与? 抑亦盗跖之所筑与? 所食之粟,伯夷之所树与? 抑亦盗

093

跖之所树与？是未可知也。"

　　曰："是何伤哉？彼身织屦，妻辟纑，以易之也。"

　　曰："仲子，齐之世家也。兄戴，盖禄万钟。以兄之禄为不义之禄而不食也，以兄之室为不义之室而不居也，辟兄离母，处于于陵。他日归，则有馈其兄生鹅者，己颇曰：'恶用是鶃鶃者为哉？'他日，其母杀是鹅也，与之食。其兄自外至，曰：'是鶃鶃之肉也。'出而哇之。以母则不食，以妻则食之；以兄之室则弗居，以于陵则居之。是尚为能充其类也乎？若仲子者，蚓而后充其操者也。"（《孟子·滕文公下》）

陈仲子在一些人中享有廉洁的名声，而孟子认为这种企图离群索居、逃离人类社会的行为根本称不上是真正的廉洁，尤其不能提倡这种行为。社会中的人们是普遍联系着的，"仲子避兄离母，无亲戚、君臣、上下，是无人伦也，岂有无人伦而可以为廉哉？"（朱熹《四书章句集注》）追求这种不用别人东西、不受惠于别人的所谓廉洁，只是一种偏执的行为，估计要变成蚯蚓，上食尘埃、下饮黄泉，才能撇得清一切人与人之间的联系。相信许多人都认同孟子的观点，这种洁癖式的"廉"显得做作刻意，反而更像是有意为之、沽名钓誉。

　　另一种观点如朱熹，他看到《汉书》中有引用的《中庸》"索隐行怪，后世有述焉"一句，认为这里的"素隐"本应写为"索隐"。"素"即"索"，动词。"素隐行怪"是指"言深求隐僻之理,而过为诡异之行也",特意去追求歪门邪道、好做些奇异怪诞的事情。就像不论古代当代,许多江湖骗子乃至邪教,都是通过故弄玄虚、伪造神迹,通过营造一种玄妙的气氛来达到"忽悠"的目的。

崇信"刀枪不入"的义和团

行旁门左道,以求留名后世,这种走捷径的方式是君子所不取的。君子既然选择行正道,便坚持不懈.

冉求曰:"非不说子之道,力不足也。"子曰:"力不足者,中道而废,今女画。"(《论语·雍也》)

冉求觉得自己能力不足,达不到老师的理想要求。孔子指出,行道没有可与不可之分,只要你选择便是开始。而冉求并非是能力、才智不够,重点在于自己画地为牢,根本不敢尝试,这才是问题关键所在。

君子坚持行正道，不因有没有人理解、有没有人支持反对、有没有人在旁欢呼膜拜而改变。《论语》中多次明确说道：

人不知而不愠，不亦君子乎。（《论语·学而》）

不怨天，不尤人，下学而上达，知我者其天乎！（《论语·宪问》）

儒家追求以文明和道德感化人，而不是强求他人接受、信仰。这种包容"他者"的精神，已经成为中华文明最大的优长之一。长久以来，不仅仅各种文化，乃至各种宗教都可以在中华大地上和平共处。因此在中国的悠久历史中，都没有出现过类似宗教战争或是"要么信我要么死"的文化霸权主义。这一点，也是当今世界面对文明冲突时，需要从中华文明中汲取的有益基因。

◎ 中庸与强

以上第十、第十一章，讲坚持的勇气，与前文第一部分讲"中和"的内容相对照：

孔子这段话，也是承上章之意，以明择中庸而守之，在"中""和"上着"强"字，讲得含蓄深刻。不说"中"

"和"，"强"字无骨子；不说"强"字，"中""和"又无精理，是中庸和强的巧妙结合。（来可泓《中庸直解》）

譬如一面旗帜，必须是旗杆与旗面的结合。只有理想而没有坚持，就像没有旗杆的支撑，一块布没法飘扬在风里；只有坚持而没有方向，就像没有旗帜的内容，只一根光棍杆在那里，是行为艺术吗?

第二节　道之广大：修己与安人

《中庸》第十二章

[原文]　　君子之道费[1]而隐[2]。夫妇之愚，可以与知焉，及其至也，虽圣人亦有所不知焉。夫妇之不肖，可以能行焉，及其至也，虽圣人亦有所不能焉。天地之大也，人犹有所憾。故君子语大，天下莫能载焉；语小，天下莫能破焉。诗云："鸢飞戾天，鱼跃于渊。"[3]言其上下察也。君子之道，造端[4]乎夫妇；及其至也，察乎天地。

[注释]　　[1]费：道之作用广大无涯。

[2]隐:道之体现精细微妙。

[3]此句引自《诗经·大雅·旱麓》。戾,至,到。

[4]造端:开端,开始。

[译文]　　君子坚守的道,用途广大而又表现精微。即使以凡常男女的愚笨,也可以对此有所体悟。但到了其高深之处,就是圣人也有不能理解的境界;即使以凡常男女的庸常,也能实践其中的一部分,但到了高深处,就是圣人也有做不到的地方。

天地如此广大,但人对于天地还有不满足的地方。所以君子对于中庸的道理,说到大处,天下也不能承载;说到小处,便细微得无法再分。《旱麓》中说"苍鹰冲向天穹,鱼儿潜入深渊",好比是表达中庸之道上达高天,下及深渊。君子之道,起始于普通男女所能体会的程度,而推究到了最为精要处,则充塞天地万物。

[通解]　　本章提出中庸之道具有广大与精深两个特点。

先秦时期的儒家学说,皆是针对社会现实而发,都是出于对现实的关切,很少纯粹的理论、概念探讨,就像一些西方学者用古希腊哲学的定义来衡量儒家思想,认为儒家思想关注的是"伦理哲学"和"政治哲学",把握到了儒家思想的侧重点——着眼于人的生活,从个人到社会,修己进而安人。

《周易·序卦》讲:

有天地然后有万物,有万物然后有男女,有男女然后有夫妇,有夫妇然后有父子,有父子然后有君臣,有君臣然后有上下,有上下然后礼仪有所错。

天人合一是中华文明的基本观点,"天生烝民",因此世间任何人都有悟天理、行天道的资质。再普通的男男女女一样可以通过努力成为圣贤,而圣贤也有自己力所不及的地方:

子贡曰:"如有博施于民而能济众,何如?可谓仁乎?"子曰:"何事于仁,必也圣乎!尧舜其犹病诸!夫仁者,己欲立而立人,己欲达而达人。能近取譬,可谓仁之方也已。"(《论语·雍也》)

墨子像

子贡问老师:如果可以施加恩惠给百姓,并且周济万民,这可以称得上是"仁"了吧?孔子笑道:这岂止是仁啊,这已经达到"圣"的境界了。即使是尧舜,不也就是在这个层面上努力吗?

由此可见儒家与其他思想观念的一点重要差异——在爱人惠人的次序上。儒家讲仁者爱人,这个"爱"特别实际,不空谈。一个人爱他人,顺序是由近及远的。能力有大小,所以范围也有大小。但即便是尧舜,想要惠及天下所有人也是难以想象的。墨家的爱人同样实际,"摩顶放踵利天下"。但墨家宣扬"兼爱":爱亲人与爱路人、爱天下人同等,这便遇到了客观的问题:人的精力有限,是不可能惠及每一个人的。遇到的便"爱",没遇到的便不能知晓,这实际上还是没有真正做到"兼"。如果辩说"我是在心理上的兼爱",那么只有一个"爱"的名头,全部都"爱"跟全部都"不爱"又有什么差别呢?基督教思想与墨家思想有相通之处,亦是强调天下苍生可以同样地被爱。所不同的是"神爱世人,甚至将他的独生子赐给他们,叫一切信他的,不至灭亡,反得永生",这种爱的出发点是神,而非具体的"我"。

圣贤非"神",必然有能力的极限。而就是比圣人又高一层的天地,也不时会有自然灾害发生,危害人类。南方炎热潮湿,北方寒冷干燥,也不能让人类完全满意。

由此可见儒家与道家在看待人与自然关系上的一点不同——儒家认为,人类社会有自己的规律与要求,不能与自然界完全等量齐观。北宋理学家胡瑗讲:

> 圣人无天地之权耳,使其有天地之权,则凶荒水患之类,无得而致也。(胡瑗《周易口义》)

人道显然不等同于自然之道，若是圣人有天地的能力，那么就不让各种灾害发生好了。可见只有人类以灾害为忧患，天地则不以为然。与此相反，我们前文已经提到，道家则认为人道同于自然之道，所以老子讲"天地不仁，以万物为刍狗；圣人不仁，以百姓为刍狗"。

中庸之道的存在涵括天地万物，这一事实让我们可以用"是否得'中'"作为标准来评价外物、衡量自身。而我们每一个人都在追求中道的道路上，永无止境。

◎联通上下文

本章的前半段，指出人类社会中从最普通到最高妙的情况里，中庸之道都普遍存在着。人人皆能感受到，并偶尔能够做到，但难在自觉和始终如一。这部分可以与第四章孔子的话相参照：

> 子曰："道之不行也，我知之矣：知者过之，愚者不及也。道之不明也，我知之矣：贤者过之，不肖者不及也。人莫不饮食也，鲜能知味也。"

《中庸》第十三章

[原文] 子曰："道不远人。人之为道而远人，不可以为道。诗云：'伐柯伐柯，其则不远。'[1] 执柯以伐柯，

睨^[2]而视之,犹以为远。故君子以人治人,改^[3]而止。"

[注释]　[1]此句引自《诗经·豳风·伐柯》。伐柯,砍削树木做斧柄。柯,斧柄。则,法则,这里指现成的式样。

[2]睨:斜视。

[3]改:变,修正。

[译文]　孔子说:"道,是不会远离人而存在的。有些人实践修持着'道',却与人的生存问题毫不相干,那就不能称为'道'了。《伐柯》中说'砍削树木做斧柄,斧柄的模子并不远',手里就握着斧头,再去做一把斧柄。斜着眼睛去对比两者,都还觉得差别很大。因此君子根据为人的基本道理来治理人,逐步修正就可以了。"

[通解]　本章讲中庸之道是始终不离人心常情的,不论对己还是对人。

《墨子》中也用"睨"来表达"并不完全一样"的意思:

虑。虑也者,以其知有求也,而不必得之,若睨。(《墨子·经说上》)

"所谓'思虑',就是用自己的智能去探求,但不一定能求得真实，就像斜着眼睛去看，虽然看了但不一定看得真切。"可见用"睨"打比方是先秦时候人们的一个语言习惯。

人是万物的尺度，怎样算"不足"？怎样算"过分"？怎样算是符合大多数人的期望？中庸之"中"，本来就是基于人的感受而存在的。就像"唯 GDP 论"，用一个数字的增长作为评价标准，这明显背离了以人为本的中道原则。当我们的自然环境被破坏，河流不能靠近，天空没有飞鸟，孩子没有玩耍的地方，每天只能待在水泥盒子里面对发光屏幕的时候，我们才察觉到：这不是我们想要的生活。

又如当今流行的"以机器为本"的工作理念，让人去适应机器的需要，而且喜欢把人比喻成机器，并以不间断地工作为荣，以忙碌为荣：

> 我们越忙，就越觉得自己重要，并以为别人也这么想。没有时间留给朋友和家人，没有时间一起欣赏日落（或者说不知道太阳已经下山了）。我们急急忙忙地履行自己的职责，没有时间真正地喘口气，这已经成为现代社会对于"成功人生"的定义。

一面是越来越多的"过劳死"，另一面是网上充斥着夸耀自己曾连续工作多么长时间的帖子。正像生理学家马丁·穆尔伊德所说的：

操作说明书、警告标识和训练课程可以保护机器，但人生于世，却没有这样的保障。……我们认识人体的设计特色，比认识人操作的软件硬件要少得多。

问题的核心在于，我们人类社会文明的需求同人类生理结构之间存在着基本矛盾……我们的身体，本该是白天狩猎，晚上睡觉，一天下来行走不会超过几十英里；现在却全天候工作和玩乐，坐飞机在地球两端穿梭，或是深夜还在外汇交易市场里买进卖出。人类对技术创新的理解力总比科技更新要慢半拍。我们总是"以机器为本"（注意力集中在技术和设备的优化上），而非"以人为本"（注意力集中在最优化我们自身的表现上）。

就像握着斧柄去伐木一样，我们明明可以以自己的感受为依据、以心灵上的幸福为追求就可以，却鲜少有人能意识到这一点。所以君子不崇尚一些虚空远离实际的道理、复杂的计算等等，只是"责之以其所能知能行"，用谁都能理解、能做到的程度来要求人，真正把他人当作与自己同等的人来对待。

[原文] "忠恕违道不远，施诸己而不愿，亦勿施于人。君子之道四，丘未能一焉：所求乎子，以事父未能也；所求乎臣，以事君未能也；所求乎弟，以事兄未能也；

所求乎朋友,先施之未能也。庸德之行,庸言[1]之谨,有所不足,不敢不勉,有余不敢尽;言顾[2]行,行顾言,君子胡不慥慥[3]尔!"

[注释]　　　　[1]庸德、庸言:寻常的品德,寻常的言语。

　　　　　　　[2]顾:回头看。引申为顾及、照顾到。

　　　　　　　[3]慥慥(zào zào):忠厚笃实的样子。

[译文]　　　　孔子说:"能够做到忠恕,离中庸之道就不远了。如果一件事你不想被施加在自己身上,那你就不要去施加到别人身上。君子行事最基本的道理有四条,但我孔丘却一条都没能做好:想要儿子对我尽孝,我作为儿子却没能如此对待父亲;想要下级对我尽忠,我作为下级却没能如此对待上级;想要做弟弟的恭顺,我作为弟弟却没能如此来对待兄长;对朋友有种种期待,我却没能以这些标准先去对待朋友。寻常的品德,要认真躬行;寻常的言语,要谨慎地说。言行之中有不足的地方,不敢不继续努力;言行留有余地,不敢做尽说绝。说的话,合乎自己做的事;做的事,符合自己说的话。言行一致,岂不就可以称作一名谦谦君子了吗?"

[通解]　　　　尽己之心为"忠",推己及人为"恕"。曾子说:"夫子之道,忠恕而已矣。"(《论语·里仁》)邵雍说:"易地而处,则无

我也。"(《邵雍集》)同一件事,能想到自己是这种感受,别人同样也是这种感受,就不会把自己不喜欢的强加在别人身上。

儒家这一观念与英国哲学家以赛亚·伯林对"两种自由"的定义类似:"己所不欲,勿施于人",这是赋予他人以"消极自由",即想不做什么就不做什么的自由。"己欲立而立人,己欲达而达人",这是赋予他人以"积极自由",即想做什么便能做什么的自由。儒家讲以"忠恕之道",将心比心即可,这也就是"以人治人"。

忠恕的处世原则,首先要用在最为亲近的人伦关系中。你追求子孝、臣忠、弟敬、朋友施恩,先要自己做到孝、悌、忠、信。父子、君臣、兄弟、朋友,这是人伦中的基本关系,但要做好却并不容易。言行须一致,孔子都不认为自己做得完满了,因此言语上也是说"丘未能一也"。当然,我们要明白,这是孔子的自谦之词,是他对自己有着更高的要求与期待。

《论语·卫灵公》里讲:

> 子张问行。子曰:"言忠信,行笃敬,虽蛮貊之邦,行矣。言不忠信,行不笃敬,虽州里,行乎哉?立则见其参于前也,在舆则见其倚于衡也,夫然后行。"子张书诸绅。

言行一致,是诚恳且严谨的表现。又如《孟子》中也说到

"乡愿"——这种谁都不得罪的好好先生，只是没有原则地倒向别人的意见，就无法做到言行一贯：

> 曰："其志嘐嘐然，曰'古之人，古之人。'夷考其行，而不掩焉者也。狂者又不可得，欲得不屑不洁之士而与之，是狷也，是又其次也。孔子曰：'过我门而不入我室，我不憾焉者，其惟乡原乎！乡原，德之贼也。'"
>
> 曰："何如斯可谓之乡原矣？"
>
> 曰："何以是嘐嘐也？言不顾行，行不顾言，则曰：'古之人，古之人。'行何为踽踽凉凉？生斯世也，为斯世也，善斯可矣。阉然媚于世也者，是乡原也。"（《孟子·尽心下》）

还有值得注意的一点是，在这方面，儒家同样保持了自己"严以律己，宽以待人"的品性（这也是诸种优秀文明共同的特点之一）。对于自己，要时时自省："言顾行，行顾言。"也正是因为做到言行一致并不容易，儒家对于他人的要求反而更宽松一些：

> 子曰："君子不以言举人，不以人废言。"（《论语·卫灵公》）

君子不能仅仅因为一个人话说得漂亮就举荐他，也不因为一个人行为不好就否定他说的话。在客观上，承认确实存在言行不一致的状况，并且体谅别人。这同样是"忠恕之道"的一种表现。

◎道不远人

本章引用孔子之言，讲"道不远人"，为人修道要以人为本。从忠恕做起，从言行一致做起，从处理最普通日常的人伦关系做起。可以与首章相参照：

道也者，不可须臾离也，可离非道也。

"道"作为中国传统文化的核心概念之一，一般理解都会认为是玄虚与高远的存在。而在儒家，尤其是在孔子那里，"道"是接近人的日常日用的。不关心"粮食与蔬菜"的道，不是儒家所崇尚的道。

道，是孔子一生的追求。他说"朝闻道，夕死可矣"，为了心中的"道"，孔子不断地追寻与努力。晚年回顾自己的人生历程时，孔子说自己"十有五而志于学"，"志于学"就是他常说的"志于道"。孔子希望人们树立理想信念，"志于道，据于德，依于仁，游于艺"，甚至要"安贫乐道"，不囿于生活的琐事中。有道的追求，人生才会有格局、有气象，才不至于常常迷失方向。

儒学是"修己安人"之学，由修己而推己、而安人，这就是儒家的"道"。《淮南子·要略》说:"孔子修成康之道,述周公之训,以教七十子,使服其衣冠,修其篇籍,故儒者之学生焉。""儒者之学"在于传述"成康之道"与"周公之训"。《汉书·艺文志》说:"儒家者流,盖出于司徒之官。助人君顺阴阳、明教化者也。游文于'六经'之中,留意于仁义之际。祖述尧舜,宪章文武,宗师仲尼,以重其言,于道最为高。"儒家的最高追求,就是社会人心教化,倡行仁爱正义,实现古圣先王之"道"。

孔子的社会理想是"大道之行""天下为公"。这里的"公"在很大程度上就是"共",即社会成员有明确的公共意识。孔子希望社会"选贤与能,讲信修睦",希望人们"不独亲其亲,不独子其子",能够"老有所终,壮有所用,幼有所长,矜寡孤独废疾者皆有所养",人们各尽其力、各取其需,进而"谋闭而不兴,盗窃乱贼而不作",臻于"大同"境界。人既是"自然人",更是"社会人",聚群而居就必须讲求"社会性",就必须处理好人与人、人与社会、人与自然的关系,成为一个合格的"社会人"。孟子常常强调"人之所以异于禽兽者"这样的问题,他们思考的逻辑起点正在于此。

从前遍布天下郡县的文庙(孔庙)里,往往有"礼门""义路"等,儒家的"道"便寓于其中了。《礼记》说"人之所以为人者,礼义也",所谓"人义",无非就是与喜、怒、哀、惧、爱、恶、欲等"人情"相对的为人之道,就是父慈子孝、兄良弟悌、夫义妇听、长惠幼顺、君仁臣忠。人生在世,会具有多种身份,既然如此,就要按照自己的角色定位做好自己。

在孔子之前的圣贤所谈的"道",也离人们不远。《周易》谈天、地、人"三才之道",是说人处在天地之间就要效法天、地,从而刚健自强、厚德包容。《六韬》记姜太公为文王陈述"至道之言",称"敬胜怠则吉""义胜欲则昌",也是注重人的社会性。儒家推崇先王之道,希望在"人心"与"道心"之间"允执厥中",是历代儒家所追求的境界。当"中庸"学说落实到具体行动时,则强调把事业当修行,以岗位为道场。

总之,平平常常即是道。孔子之"道"就是中道。他没有把人推向高远,始终是把高远的道落实到人间,落实在生活中。

儒家所有的要言妙道,无论理解起来浅显还是艰深,最终落脚点都在于使人的此生此世变得更好。对比其他思想观念,尤其是宗教思想,我们更能看到这种主张的独特之处。程颢讲,相较之下,儒家思想是"道亦器,器亦道"的,它始终紧贴着人、人的生存来立论,不离社会日用与日常话语,形而上与形而下的联系非常紧密,绝不可分开说。

而佛教思想,程颢认为有几大问题:一便是佛教是出家"自适""独善"的,不具有普遍性的意义,尤其在古代中国,寺院道观不事生产,还要国家人民来供养;二是"以生死恐动人",让人纠结在生死的问题上而忽视现实与现世;三是"禅学者总是强生事",譬如三界、六道、四圣谛、八正道、十二因缘只是入门,佛门佛典种种描述繁复无比,自成体系。"道外

110

寻性,性外寻道",撇开丰富的现实不谈,而去自造三千大千世界。

由此可见宗教思想疏远现实而思虑彼岸,儒家思想则始终"不远人"的差异。

《中庸》第十四章

[原文]　　　君子素[1]其位而行,不愿[2]乎其外。素富贵,行乎富贵;素贫贱,行乎贫贱;素夷狄,行乎夷狄;素患难,行乎患难,君子无入而不自得焉。

在上位不陵[3]下,在下位不援[4]上,正己而不求于人则无怨。上不怨天,下不尤人。故君子居易以俟命[5],小人行险以徼幸[6]。子曰:"射有似乎君子,失诸正鹄[7],反求诸其身。"

[注释]　　　[1]素:平素、现在,这里用作动词,处在。

[2]愿:倾心,羡慕。

[3]陵:欺凌,霸凌。

[4]援:攀援,攀附。

[5]俟(sì)命:等待天命。

[6]徼幸:侥幸,期望获得意外成功。

[7]正鹄(gǔ):箭靶中心的圆圈,引申为目标。画在布

111

上称为正,画在皮上称为鹄。

[译文] 　　君子安心于当下所处的位置,去做该做的事,不艳羡此外的事物。身处富贵的地位,就依照富贵的法则;身处贫贱的处境,就依照贫贱的道理;身处夷狄的环境,就依照夷狄的习惯;身处患难的处境,就依照患难中的办法。君子无论在什么处境下都可以做到安然自得。

　　君子处在上位,不会欺凌下属;在下位,也不去攀附上司。端正自己而不求人,就可以泰然自得。上不抱怨天,下不抱怨人。所以君子安居现状等待天命,小人铤而走险靠偶然来博取成功。孔子说:"君子行道就像射箭一样。没有射中靶心,先要在自己身上找原因。"

子贡像

[通解] 　　◎入其乡,随其俗

　　面对富贵与贫贱的境地,如何自处? 孔子和孟子都有不少表达:

　　子贡曰:"贫而无谄,富而无骄,何如?"子曰:"可也。未若贫而乐,富而好礼者也。"(《论语·学而》)

　　富贵不能淫,贫贱不能移。(《孟子·滕文公下》)

112

更直接的对比就是:

> 在陈绝粮,从者病,莫能兴。子路愠见曰:"君子亦
> 有穷乎?"子曰:"君子固穷,小人穷斯滥矣。"(《论语·
> 卫灵公》)

当年,孔子一行人被围困在陈国、蔡国之间时,断粮多日。子路义愤地说:"怎么君子也会有如此穷困潦倒的时刻?"

我们都明白,"善有善报,恶有恶报"是一种希冀绝对公正的理想状态。而在现实中,命运的颠沛常常不能让我们如愿。不论是谁,君子小人,人人都难免遇到自己人生中一段幽暗的日子。但是不同的是,如孔子所说:君子可以在黑暗中坚守,默默耕耘新的光明。小人为了摆脱眼前的困境,可能就会选择狗急跳墙,无所不用其极了。

八十八岁高龄才获得诺贝尔文学奖的英国女作家多丽丝·莱辛,对于如何度过人生中的低谷,有这样一段话:"当人生经历一段困难的日子,一个毫无生气的时期,我总是这样做,坚持某几句话,表达某种见解的几句话。即使这些话已经过时并毫无意义,我知道生命一定会回归,从而使它们重焕生机。"正是在黑暗中依然坚持自己,有所秉持,才使得我们不被外物所扭曲、所吞噬。

生长在中原鲁国的孔子,也承认身处未开化的夷狄之境是不好的:

> 子曰:"夷狄之有君,不如诸夏之亡也。"(《论语·八佾》)

但这也没有问题,只要我心光明,便能照亮我所站立的土地:

> 子欲居九夷。或曰:"陋,如之何?"子曰:"君子居之,何陋之有?"(《论语·子罕》)

这一句,更衍出刘禹锡的名篇《陋室铭》:

> 山不在高,有仙则名。水不在深,有龙则灵。斯是陋室,惟吾德馨。苔痕上阶绿,草色入帘青。谈笑有鸿儒,往来无白丁。可以调素琴,阅金经。无丝竹之乱耳,无案牍之劳形。南阳诸葛庐,西蜀子云亭。孔子云:何陋之有?

君子正道直行,端正好了自己就不需要依赖人、乞求人:"天之未丧斯文也,匡人其如予何?"《论语》中还有一个事例:

> 公伯寮愬子路于季孙。子服景伯以告,曰:"夫子固

有惑志于公伯寮,吾力犹能肆诸市朝。"

子曰:"道之将行也与,命也;道之将废也与,命也。公伯寮其如命何!"(《论语·宪问》)

公伯寮向当权的季孙氏抹黑子路。而子服景伯私下向孔子表示:虽然季孙氏已经被公伯寮迷惑了,但是以本人的能力还是能够澄清事实,让公伯寮为此付出代价。但是孔子制止了他。孔子相信秉持公义的力量,也反对将对错问题纠缠成为你死我活的权力斗争。

◎谁最"无畏"

抛开幼稚的绝对平等、绝对平均的想法来看,我们必须正视人类社会里天然的"不平等"的存在——有些人毕生所追求的,却是另外一些人生来就有的。一如《平凡的世界》一开篇所描述的那样:

> 在校园内的南墙根下,现在已经按班级排起了十几路纵队。各班的值日生正在忙碌地给众人分饭菜。每个人的饭菜都是昨天登记好并付了饭票的,因此程序并不复杂,现在值日生只是按饭票付给每人预订的一份。菜分甲、乙、丙三等。甲菜以土豆、白菜、粉条为主,里面有些叫人嘴馋的大肉片,每份三毛钱;乙菜其他内容和甲菜一样,只是没有肉,每份一毛五分钱;丙菜可就差远

了,清水煮白萝卜——似乎只是为了掩饰这过分的清淡,才在里面象征性地漂了几点辣子油花。不过,这菜价钱倒也便宜,每份五分钱。

各班的甲菜只是在小脸盆里盛一点,看来吃得起肉菜的学生没有几个。丙菜也用小脸盆盛一点,说明吃这种下等伙食的人也没有多少。只有乙菜各班都用烧瓷大脚盆盛着,海海漫漫的,显然大部分人都吃这种既不奢侈也不寒酸的菜。主食也分三等:白面馍,玉米面馍,高粱面馍;白、黄、黑,颜色就表明了一种差别;学生们戏称欧洲、亚洲、非洲。

从排队的这一片黑压压的人群看来,他们大部分都来自农村,脸上和身上或多或少都留有体力劳动的痕迹。除过个把人的衣装和他们的农民家长一样土气外,这些已被自己的父辈看作是"先生"的人,穿戴都还算体面。贫困山区的农民尽管眼下大都少吃缺穿,但孩子既然到大地方去念书,家长们就是咬着牙关省吃节用,也要给他们做几件见人衣裳。当然,这队伍里看来也有个把光景好的农家子弟,那穿戴已经和城里干部们的子弟没什么差别,而且胳膊腕上往往还撑着一块明晃晃的手表。有些这样的"洋人"就站在大众之间,如同鹤立鸡群,毫不掩饰自己的优越感。他们排在非凡的甲菜盆后面,虽然人数寥寥无几,但却特别惹眼。

……现在,只有高一(1)班的值日生一个人留在空

116

无人迹的饭场上。……她端着自己的饭菜,满脸不高兴地立在房檐下,显然是等待最后一个姗姗来迟者——我们可以想来这必定是一个穷小子,他不仅吃这最差的主食,而且连五分钱的丙菜也买不起一份啊。

……他直起身子来,眼睛不由朝三只空荡荡的菜盆里瞥了一眼。他瞧见乙菜盆的底子上还有一点残汤剩水。房上的檐水滴答下来,盆底上的菜汤四处飞溅。他扭头瞧了瞧:雨雪迷蒙的大院坝里空无一人。他很快蹲下来,慌得如同偷窃一般,用勺子把盆底上混合着雨水的剩菜汤往自己的碗里舀。铁勺刮盆底的嘶啦声像炸弹的爆炸声一样令人惊心。血涌上了他黄瘦的脸。一滴很大的檐水落在盆底,溅了他一脸菜汤。他闭住眼,紧接着,就见两颗泪珠慢慢地从脸颊上滑落了下来——唉,我们姑且就认为这是他眼中溅进了辣子汤吧!

而《平凡的世界》描述的,就是像主人公孙少平一样出身贫寒、没有任何依凭的普通人,在逆境中迎战命运的苦难,把握时代变化,改变命运的故事。

这一章讲"君子素其位而行,不愿乎其外","君子居易以俟命"。不少人由此断言:这说明儒家讲"宿命论",叫老百姓安于现状、逆来顺受,愚民,消极保守,不知进取等等。

这种观点还是典型的"攻其一点,不及其余",抓住半句话来说事。

"君子居易以俟命"，是与后半句"小人行险以徼幸"相对照而说的。《大学》中也说"小人闲居为不善，无所不至"。所强调的是同样处在逆境中，君子依然有所坚守。但当没有了外在约束的时候，"小人"就什么都能干得出来了。

《论语·季氏》讲：

> 孔子曰："君子有三畏：畏天命，畏大人，畏圣人之言。小人不知天命而不畏也，狎大人，侮圣人之言。"

君子内心有所归依，有所向往，对未来有更高的目标，因而敬畏天命、权威和圣人之言。而小人看不到更高更远的存在，只求眼前的痛快放肆与无拘无束，因而不懂得在满足基本欲望之上，人还有区别于其他动物的天命在。小人同样意识不到权威、经典和圣贤的重要性，因而对于权威、经典和圣贤也满不在乎，甚至取笑调侃，因为这可以掩饰他们心里面信仰层面的空虚，满足他们的虚荣心和一点低级趣味。

因此，很多时候，小人显得比君子更"无畏"。同样是获得财富，君子往往会讲"君子爱财，取之有道""不义而富且贵，于我如浮云"，因为不干净的钱，君子不能心安理得地去用；整个社会不安定，再多的钱也可能会轻易失去。而小人如果认定了钱，便会铤而走险，无所不为。失去了信仰和道德去追求金钱，就像马克思在《资本论》中阐述的：

如果有 20% 的利润,资本就会蠢蠢欲动;如果有 50% 的利润,资本就可以冒险;如果有 100% 的利润,资本就敢于冒绞首的危险;如果有 300% 的利润,资本就敢于践踏人间一切法律。

人反过来被钱驱使,心甘情愿地变成钱的仆人,也就是这里说的"小人行险以徼幸"。

1930 年 3 月,上海昆仑书店出版的《资本论》

君子的无畏,在于君子追求成为一个具有独立人格的人,任何时候都对自己负责,对自己的选择负责。就像在射礼中,没有射中靶心,别去说场地不好、器材太差、环境太糟、今天的风太大,而在于反省自己学艺不精、用心不静。因而不得中正,就先要在自己身上找原因。

人生同样如此,无论什么境地,修炼自己,而不是去抱怨

119

出身、抱怨他人、抱怨环境。孔子、孟子都多次强调"不怨天，不尤人"，自己对自己的人生负责。孟子更说：

> 爱人不亲，反其仁；治人不治，反其智；礼人不答，反其敬——行有不得者，皆反求诸己，其身正而天下归之。《诗》云："永言配命，自求多福。"（《孟子·离娄上》）

明代的抗倭名将俞大猷，一生大起大落，既有赫赫战功，也多次被冤枉诬陷。但面对波折，他只讲一句"吾自处《中庸》第十四章矣"。正是用这种不怨天、不尤人的态度面对人生苦难，使他渡尽劫波，在年近八旬方告老还乡，得以功成身退、寿终正寝。

君子的无畏，在于勇敢面对任何现实，不放弃自己的坚守。就像鲁迅先生在《记念刘和珍君》中说的："真的猛士，敢于直面惨淡的人生，敢于正视淋漓的鲜血。"本章讲的就是君子"修己"的功夫：在上有追求，在下有底限。

《中庸》第十五章

[原文]　　君子之道，辟如[1]行远必自迩，辟如登高必自卑。诗曰[2]："妻子好合，如鼓瑟琴；兄弟既翕[3]，和乐且耽[4]；宜尔室家，乐尔妻帑[5]"。子曰："父母其顺矣乎！"

[注释]　　　　[1]辟如:譬如。

　　　　　　　[2]此句引自《诗经·小雅·棠棣》。

　　　　　　　[3]翕(xī):和顺,融洽。

　　　　　　　[4]耽:《诗经》原文写作"湛",欢乐。

　　　　　　　[5]帑(nǔ):通"孥",儿子。

[译文]　　　　任何人追求中庸之道,也都是由简入难、由浅及深的,就像走向远方是从脚下出发,登上高峰是由低处开始的。《棠棣》中讲:"妻儿感情融洽,如同弹琴鼓瑟;兄弟之间友爱,沉浸快乐之中;全家和睦安顺,妻儿幸福欢乐。"孔子说:"这样,父母也就安心如意了。"

[通解]　　　　与《大学》一致,这一章讲事情有轻重,行道有先后。要想治国平天下,须得先从齐家做起。

◎农耕与中华文明

中华文明,起源于漫长的农业时代之中。周代始祖后稷的名字就来源于他善于农业耕种的能力,这也是周人得以强大起来的"核心竞争力"之一。从气候的角度看,中国的大部分(尤其秦朝以前的中国)处在温带,四季交替分明。中国人的生活与庄稼、与土地、与气候、与天地长久的农业生产密切联系在一起。要理解中国文化的特点,必须理解农业社会的生活方式。这是中华文明与其他人类文明所不同的一大原因所在。

仅就本章而言，首先我们要看到农业社会的两大特点：重视积累和尊老孝亲。

不论是农作物的种植还是家禽家畜的驯养，都需要长时段里持续的投入，不可能一蹴而就。而工业与商业则没有这种明显的特点。如果说工业和商业是按"次"论的，那么农业就要按"年"论。因此我们的先人反复强调积累、持续不断的努力的重要性：

合抱之木，生于毫末；九层之台，起于累土；千里之行，始于足下。(《道德经》)

积土成山，风雨兴焉；积水成渊，蛟龙生焉；积善成德，而神明自得，圣心备焉。故不积跬步，无以至千里；不积小流，无以成江海。(《荀子·劝学》)

像揠苗助长这种典型的"欲速则不达"的例子，我们都很熟悉。从小处做起，重视积累，是中华民族的优良传统之一。这一点，在学习、修养品德和锻炼身体这些需要终身坚持的

冬雪雪冬小大寒
秋处露秋寒霜降
夏满芒夏暑相连
春雨惊春清谷天

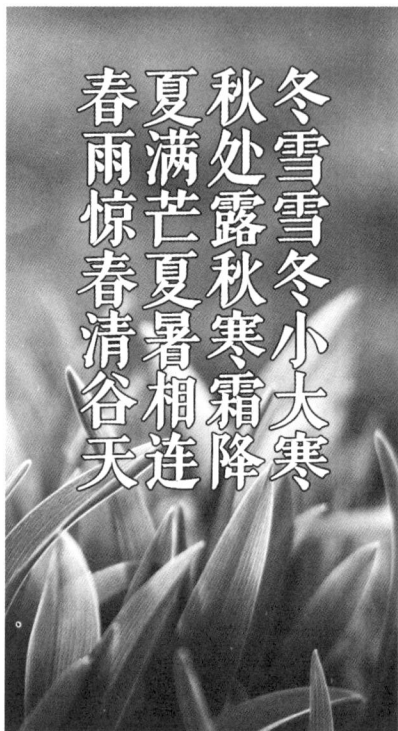

二十四节气歌

事情上尤其有重要意义。

农业社会的耕作生活，又为什么会形成中国人尊老孝亲的传统呢？

常言说"家有一老，如有一宝"。在农业生产中，对于气候、土地、自然灾害的把握都需要依靠经验的积累，而古人平均寿命又较今天短得多，所以老人在家庭中一方面是血缘上的长辈，理应受到照顾；另一方面，老人在处世智慧和农业生产上的经验都更加成熟，理应受到尊重。

而农业生产依赖气候和周边环境，换一个地方可能意味着一切都需要重新开始。这在生产力低下的上古时代可能就意味着饥饿、流离失所甚至死亡。因此，上古时期的先人们更倾向于把已知的环境打理得更好更宜居，而不是另起炉灶。这一点影响了中国人安土重迁的思想，使中国人更加重视亲人、重视家庭和邻里，渐渐形成了自觉尊老孝亲的传统。

儒家思想的一个突出特点，就是将这种天然的人人都能理解的尊老孝亲的情感推而广之，用"孝悌"之心来对待朋友乃至整个社会：

君子务本，本立而道生。孝悌也者，其为仁之本与！（《论语·学而》）

孔子曰："立爱自亲始，教民睦也；立敬自长始，教民顺也。教之慈睦，而民贵有亲；教以敬，而民贵用命。民

123

既孝于亲,又顺以听命,措诸天下,无所不可。"(《孔子家语·哀公问政》)

或谓孔子曰:"子奚不为政?"子曰:"《书》云:'孝乎惟孝,友于兄弟',施于有政,是亦为政,奚其为为政?"(《论语·为政》)

《孟子》更是说:"尧舜之道,孝悌而已矣。"像《大学》也讲:

古之欲明明德于天下者,先治其国;欲治其国者,先齐其家;欲齐其家者,先修其身……身修而后家齐,家齐而后国治,国治而后天下平。自天子以至于庶人,壹是皆以修身为本。

能以爱父母亲人的善良来对待天下,乃至世间万物,就可以称得上是圣贤了。这也就是本章所讲的,君子修道,从小处做起,从善待自己最亲近的人做起。

◎本节小结

第十二章总说中庸之道具有在范围上广大无涯、在内容上精细微妙的两个特点。之后的第十三至十五章,从不同角度讲述道之广大的方面。

第十三章讲从忠恕做起,推己及人。

第十四章讲接受自己的起点,不怨天尤人。

第十五章讲从小处做起,从身边做起。

下文便转入对于道之精微的描述。

第三节　道之精微:神明与祖先

《中庸》第十六章

[原文]　　　子曰:"鬼神之为德,其盛矣乎! 视之而弗见,听之而弗闻,体物[1]而不可遗。使天下之人齐明[2]盛服,以承祭祀。洋洋乎[3]! 如在其上,如在其左右。诗曰[4]:'神之格思[5],不可度[6]思! 矧[7]可射[8]思!'夫微之显,诚之不可掩如此夫。"

[注释]　　　[1]体物:体察万物。

[2]齐(zhāi)明:祭祀之前的斋戒沐浴。齐,同"斋",斋戒。明,洁净。

[3]洋洋乎:流动充满、舒展飘逸的样子。

[4]此句引自《诗经·大雅·抑》。

[5]格思:来临。思,语气助词,没有实意。

[6]度(duó):揣度,估计。

[7]矧(shěn):何况,况且。

[8]射(yì):厌烦,厌弃。

[译文]　　孔子说:"鬼神所具有的德性,可以称得上是盛大了。看不可见,听不可闻,但是却能与世间万物交互而无微不至、无所遗漏,它们可以让天下人斋戒更衣,盛装祭祀。灵气流动,好像在天顶,又好像在你的左右。《抑》中说:'神的降临,不可揣度,怎么敢有怠慢不敬?'鬼神之事就像中庸之道一样,从不可捉摸的隐微,到功德的显明,都是如此真实无妄而不能被掩盖啊。"

[通解]　　包括朱熹在内,后代大部分人认为本章并非是专门讲鬼神之事的玄妙,而是以鬼神那种难以捉摸又无所不在的特点,来比喻中道的隐约微妙:

　　　　此一节明鬼神之道,无形而能显著诚信。中庸之道与鬼神之道相似,亦从微至著,不言而自诚也。(孔颖达《礼记正义》)

　　　　言鬼神之德,无所不在。能奉承畏敬,则此理昭然。流动充满于上下左右间,此是鬼神阴阳之发现昭著处,盖体物而不遗之验也。(陈淳《北溪大全集·中庸口义》)

126

读古人书,不能脱离当时的语境来理解。

《礼记》中说:"凡治人之道,莫急于礼;礼有五经,莫重于祭。"《左传》讲:"国之大事,在祀与戎。"这些句子时常被后人引用。《周礼》讲"以祀礼教敬",祭祀之所以重要,是因为涉及"价值"与"信仰"等问题。所以,在古代中国,祭祀始终是国家政治活动里最不可轻视的部分之一。

在商代,祭祀鬼神、占卜吉凶的风气炽烈,可以一次祭祀就把三百头牛扔到江中。从河南安阳的殷墟出土的几万片占卜用的甲骨也可见一斑。商朝人观念里的鬼神,与希腊诸神类似,其形象接近于"人",有着和人类一样的喜怒哀乐和冲动,因此人民要通过敬畏和大量的祭品来讨好、贿赂鬼神。

进入周代,文明焕然一新。我们看到,一方面祭祀仍然受到极大的重视,《论语》里记孔子:

子之所慎:齐,战,疾。(《论语·述而》)

另一方面,周人已经认识到人本身的重要性,彻底走出了大命鬼神占据主导地位的时代。"天"更接近于一种崇高的"理念","天"没有自己的私欲,它所希望的就是修德爱民,修德爱民的人就能受到上天的祝福和保佑。所以到了周代,祭祀只是一种表达敬畏的形式,就像孔子说的"祭如在,祭神如神在""吾不与祭,如不祭",

鬼神是不是真实存在、鬼神能不能赏善罚恶并不是最值得纠结的——"务民之义,敬鬼神而远之,可谓知矣"——最重要的是平时做好自己,爱护人民。祭祀,是为了让人对于自己所不能理解、不能掌控的那部分世界有所敬畏,遵天道、做善事,而不是狂妄自大。像孔子说:

获罪于天,无所祷也。(《论语·八佾》)

就像今天,无论任何宗教,共同点是教人向善向上的。如果连这一点都做不到,去害人害己,"非其所祭而祭之,名曰淫祀,淫祀无福"(《礼记·曲礼下》)。那么无论烧多少香、磕多少头、跪多少"仁波切",皆是枉然。

◎你迷信吗?

相信看到这个问题,大多数人都会说:我当然不迷信啊。

单讲"迷信"这个词,在今天已经是一个纯粹的贬义词。说到"迷信",我们理解中直接对应的就是"相信神仙鬼怪"。但从词汇的本义来说,"迷信"是指"对某一些事物迷惘而不知究竟,但又盲目地相信其说"。

21世纪的大部分人确实已经不"迷信"神仙鬼怪了,但是,我们是不是又改去"迷信"别的东西了呢?

你看在建筑工程开始时,要有"奠基"典礼。在远洋出海之前,也会有祈福活动。我们日常生活里的婚丧嫁娶,"讲究"更是繁多。在今天,更常见的"迷信"形式可能是星座、血型、幸运物。如此这些,都是科学所验证不了却被人们所信赖着的东西。从这个角度来说,我们所有人都是有所"迷信"的。

原始社会的人类偶然遇到谷物、遇到火,都认为是神的恩赐;到了铁犁牛耕的时代,人类认识到应当按时节安排耕作,但认为自然灾害是天神的震怒;到了近代,人类认识到灾害是地质或大气的运动,但又开始在茫茫人海中按照星座找男女朋友。

人类的认知水平始终在发展,但我们依然有许多未解之谜。我们每一个人,都会受到自己这个年代的认知水平、科学水平的局限。古人通过信任鬼神,决断自己难以掌控的事情;今天我们通过信任星座,决定自己难以掌控的事情。所以说,嘲笑古人迷信鬼神并没有实际意义。我们知道鬼与神的虚幻,只因为我们恰好生活在21世纪。和先人们一样,我们依然在紧握自己的"迷信"。

《中庸》第十七章

[原文]　　　子曰:"舜其大孝也与! 德为圣人,尊为天子,富有四海之内。宗庙飨[1]之,子孙保之。故大德必得其位,必得其禄,必得其名,必得其寿。故天之生物,

必因其材而笃焉。故栽者培之,倾者覆之。诗曰[2]:
'嘉乐[3]君子,宪宪[4]令德! 宜民宜人,受禄于天,保
佑命之,自天申[5]之!'故大德者必受命。"

[注释]　[1] 飨(xiǎng):用酒食来祭祀。

[2] 此句引自《诗经·大雅·假乐》。

[3] 嘉乐:《诗经》原文写作"假乐",欢乐。

[4] 宪宪:《诗经》原文写作"显显",显著,显明。

[5] 申:重申。

[译文]　孔子说:"舜可以称得上是大孝的人了。以德行论他是圣人,以地位论他是天子,以财富论他拥有整个天下。宗庙中祭祀着他,后世子孙继续着他的事业。所有具有大德的人必定会得到他应有的地位、应得的财富、应得的美名与应得的长寿。因此说上天生养万物,是根据其根本而加倍给予。所以种下善因的,便加以栽培;选择邪路的,就彻底颠覆。《假乐》说:'嘉善高尚的君子,有光明美好的德行。让百姓安居乐业,享受天赐的福禄。上天保佑他为王,这是出自上天的意志!'所以说大德者必将受天命。"

[通解]　本章从舜的孝讲起,说到孝的重要作用。

舜是孔孟所推崇的"孝"的典范,《孟子》中关于舜之孝

的讨论很多。又如在民间流传很广的"二十四孝图"，就将舜放在第一的位置，称之为"孝感动天"：

歌川国芳浮世绘《唐土廿四孝·大舜》

虞舜，瞽瞍之子。性至孝。父顽，母嚚，弟象傲。舜耕于历山,有象为之耕,鸟为之耘。其孝感如此。帝尧闻之,事以九男,妻以二女,遂以天下让焉。

《孝经》一开篇就讲如何才是"孝":

> 身体发肤,受之父母,不敢毁伤,孝之始也。立身行道,扬名于后世,以显父母,孝之终也。夫孝,始于事亲,中于事君,终于立身。

爱惜身体,在家时敬爱父母亲人,不让父母忧心;在社会中做出贡献,为父母争光。这样说来,舜确实是"孝"的典范,受到上天护佑。

◎祸福皆自求

接下来说到天生万物之理,根据万物的选择而加倍回报。重点在于我们本身的选择,是做一个"栽者"还是"倾者":

> 祸福无不自己求之者。《诗》云:"永言配命,自求多福。"《太甲》曰:"天作孽,犹可违;自作孽,不可活。"此之谓也。(《孟子·公孙丑上》)

对于可造之材的"栽者",我们常说"天道酬勤""天助自助者"，像舜、禹这样的大德之人，最后会获得应有的位置；像夏桀、商纣一样的荒淫失德之人，出身为天子也不免灭亡，已经拥有的也会失去。就如孟子说：

> 孟子曰："有天爵者，有人爵者。仁义忠信，乐善不倦，此天爵也；公卿大夫，此人爵也。古之人修其天爵，而人爵从之。今之人修其天爵，以要人爵，既得人爵，而弃其天爵，则惑之甚者也，终亦必亡而已矣。"（《孟子·告子上》）

古时贤能有德的人，自会有功名富贵。而今天的人，选择修德的出发点就是为了以后的名与利，像宋真宗宣扬的那样：

> 富家不用买良田，书中自有千钟粟；
> 安居不用架高堂，书中自有黄金屋；
> 出门莫恨无人随，书中车马多如簇；
> 娶妻莫恨无良媒，书中自有颜如玉；
> 男儿若遂平生志，勤向窗前读六经。

这些"男儿"的"平生志"其实就是良田、美宅、宝马和娇妻。当目标实现了之后，原来用来标榜装饰的道德文章就可以被扔到一边去了。这样的"倾者"，最终不免走向迷失甚至毁灭。

《中庸》第十八章

[原文]　　　　子曰:"无忧者,其惟文王乎! 以王季[1]为父,以武王为子,父作之,子述之。

"武王缵[2]大王[3]、王季、文王之绪,壹戎衣而有天下,身不失天下之显名,尊为天子,富有四海之内,宗庙飨之,子孙保之。

"武王末[4]受命,周公成文、武之德,追王[5]大王、王季,上祀先公以天子之礼。斯礼也,达乎诸侯大夫,及士庶人。父为大夫,子为士,葬以大夫,祭以士。父为士,子为大夫,葬以士,祭以大夫。期[6]之丧达乎大夫,三年之丧达乎天子,父母之丧无贵贱一也。"

[注释]　　　　[1]王季:周文王的父亲,名季历。周朝建立后,追封为"王季"。

[2]缵(zuǎn):继承,继续。

[3]大王:即"太王",王季之父古公亶父,周朝基业的创立者。建立周朝后,追封为"大王"。

[4]末:暮年,晚年。

[5]追王(wàng):追封为王。王,动词。

134

[译文]　　　　孔子说:"没有忧愁的人大概只有周文王了。在他之前是王季这样的父亲,在他之后是武王这样的儿子。父亲开创了王朝的基业,儿子继承了他的事业。

　　"武王继承太王、王季、文王的功业,讨伐商纣王,一举夺取了天下,没有失去已有的好名声,而成为了尊贵的天子,执掌天下,享有宗庙中的祭祀,子孙永保周朝的王业。

　　"在武王晚年接受使命,周公继承和发展了文王、武王的大德,追封古公亶父、王季为王,又以天子之礼祭祀历代祖先。并将这种礼制在上到诸侯大夫、下至士人庶人的整个社会推行开来。父亲为大夫,儿子为士的,则葬礼采用大夫礼,祭祀用士礼;父亲为士,儿子为大夫的,则葬礼用士礼,祭祀用大夫礼。需要服丧一年的丧制,实行到大夫这一层级。需要服丧三年的丧制,直到天子都要实行。为自己的父母服丧,这一点没有贵贱之别,任何人都是一样的。"

[通解]　　　　本章与下章一起,通过文王、武王、周公的事迹,论述"孝"。

◎忧与乐

　　文王处在王季与武王之间,父慈子孝,因此说文王是天下最没有忧愁的人。当然因为关系到对于儒家思想的认识问题,后代许多学者非常较真地讨论文王、孔孟、儒者的"忧乐"问题。

孔子在《易传·系辞》中又说文王:"作《易》者,其有忧患乎。"这和本章的"无忧者,其惟文王"其实是不矛盾的。本章强调的是"孝",文王在自己的家族之内是没有忧愁忧患的。但是文王生当商朝末年,他是商朝的西伯侯。社会混乱,他本人也面临抉择,他所忧患的是天下国家和黎民百姓。如《孟子》中说:

> 君子有终身之忧,无一朝之患也。(《孟子·离娄下》)

而《荀子》中说:

> 子路问于孔子曰:"君子亦有忧乎?"孔子曰:"君子其未得也,则乐其意,既已得之,又乐其治,是以有终身之乐,无一日之忧。小人者,其未得也,则忧不得,既已得之,又恐失之,是以有终身之忧,无一日之乐也。"(《荀子·子道》)

君子即使有忧,所忧患的内容,是德行有亏,是有负重托,是大道不行。小人所忧患的,是具体事物的得失。同样是"忧",但内容不同。儒家关于"忧乐"的讨论,我们此前已经提到过庞朴先生"忧乐圆融"的观点。通过这些,可以让我们更加清醒地对待人生的起伏。我们每个人这一生都不可避免地经历忧患和痛苦,重点在于:是否值得?

◎"壹戎衣",有天下

关于"壹戎衣"何意,主要有两种不同的观点。

汉代郑玄等人认为:"'衣'读如'殷',声之误也。齐人言'殷'声如'衣'。"——"壹戎衣"就是"壹戎殷",一举击溃殷商的意思。

唐代孔颖达等人认为,"壹戎衣"是指"一着戎衣"。孔颖达说:"此云'一'者,以经武王继大王、王季、文王三人之业,一用灭殷,对三人之业为一耳。由三身之业,故一身灭之。"朱熹也说:"壹戎衣,《武成》文,言一著戎衣以伐纣也。""壹戎衣"强调的是只穿一次战衣,即牧野之战一战便获得胜利。这两种说法是在字词理解上有分歧,所指的都是武王伐纣一事。

孔子曾说:

> 子谓《韶》:"尽美矣,又尽善也。"谓《武》:"尽美矣,未尽善也。"(《论语·八佾》)

虽然武王伐纣,是顺应民心,解救百姓于水火。但诉诸武力就一定会有无辜的人牺牲,《尚书·武成》当中就记载牧

137

野之战"血流漂杵"。所以孔子认为歌颂武王的《武》乐未能如《韶》乐一样达到尽善尽美的高度。

这是与舜、文王相比,武王略有微瑕。但武王顺应了时代的希望,诛杀的是独夫商纣王,成就了周代文明的崛起,这是普通人难以望其项背的功业。所以说武王仍然"不失天下之显名"。

◎ 服丧背后的逻辑

宋代陈淳说:

> 周公以文、武之意,追尊其先祖,又设为礼法,通行此意于天下。(《北溪大全集·中庸口义》)

武王之后,周公继续了他们的功业。先是将有功业的祖先追尊为王,后又制定了关于祭祀的礼法,将他们推行于天下。"使葬用死者之爵,祭用生者之禄",这其实隐含了一种"激励机制":要想自己葬得高贵,就必须要在活着的时候建功立业、有所成就;要想祭祀先人的时候隆重,你自己就要努力上进,为先人争得荣光。反观当下,虽然中国人依然重视葬与祭,但失去了礼法的规范,一些人只是一味地在葬礼上花大价钱,形式花样百出,最终只能凸显内涵上的空洞。

在服丧上,对于旁系亲属的一年之丧,大夫及以下的人需要遵从,诸侯与天子就不需要了。对于父母的三年之丧,

则是全天下人都一样的,任何人都不例外。《论语》中多次讲到孔子与弟子讨论服丧时间的问题:

> 子张曰:"书云:'高宗谅阴,三年不言。'何谓也?"子曰:"何必高宗,古之人皆然。君薨,百官总己以听于冢宰三年。"(《论语·宪问》)

> 子曰:"予之不仁也! 子生三年,然后免于父母之怀。夫三年之丧,天下之通丧也。予也有三年之爱于其父母乎!"(《论语·阳货》)

子张读到《尚书》中说的"商高宗武丁守丧,三年没有发布政令"时,很困惑:这么长时间没有政令,国家还怎么治理? 孔子说:"不仅是高宗,古人都是这样做的。百官三年中听命于冢宰就可以了。"天子、诸侯去服丧,确实会对国家政治治理产生影响,因此旁系亲属的服丧,天子、诸侯这类地位极高的人就可以免去了,这也是为了更广大的百姓着想。有学者将这种情况概括为"亲不敌贵"。

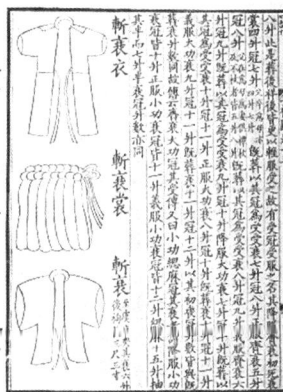

《新定三礼图》中的丧服样式

与此相对的,是"贵不敌亲":人人皆为父母所生养。三岁之前,我们一点生活自理的能力都没有,时时处处需要父母的关爱照料才能生存。这一点是人所共通的,即使天子、诸侯等地位再尊贵,也还是自己父母的孩子。因此在为父母服丧三年这一点上,所有人都一样。

孔子对樊迟说"孝"就是:

> 生,事之以礼;死,葬之以礼,祭之以礼。(《论语·为政》)

如果对自己的父母都不服丧,这种人连完整的人格都没有,更不配做天子、诸侯统领天下四方了。所以说周公制定的礼法,兼顾了人的社会属性("贵",作为领导者,对社会尽责)与人的天然情感("亲",作为人之子女,对亲人尽孝)之间的矛盾,合于中庸之道。

《中庸》第十九章

[原文]　　子曰:"武王、周公,其达孝矣乎!夫孝者,善继人之志,善述人之事者也。春秋修其祖庙,陈其宗器,设其裳衣,荐其时食。宗庙之礼,所以序[1]昭穆[2]也;序爵,所以辨贵贱也;序事,所以辨贤也;旅酬[3]下为上,所以逮[4]贱也;燕毛[5],所以序齿[6]也。

"践其位,行其礼,奏其乐,敬其所尊,爱其所亲,事死如事生,事亡[7]如事存,孝之至也。

"郊社之礼^[8],所以事上帝也;宗庙之礼,所以祀乎其先也。明乎郊社之礼、禘尝之义^[9],治国其如示诸掌乎!"

[注释]　　[1]序:序列,排序。

[2]昭穆:宗庙中神主的排列次序。始祖居中,以下父子交替为昭穆,左称昭,右称穆。

[3]旅酬:祭礼完毕后众人一起宴饮中的一种礼节,长辈与晚辈之间互相敬酒。旅,众。酬,以酒相劝。

[4]逮:及,到。

[5]燕毛:祭祀后的宴会中,按照头发的颜色来安排座次。

[6]序齿:以年龄为序。齿,牙齿,引申为人的年龄。

[7]死、亡:刚去世时称为死,已经下葬后称为亡。

[8]郊社之礼:概指祭祀天地鬼神的活动。周代时冬至在南郊祭天称郊,夏至在北郊祭地称社。

[9]禘尝之义:概指天子诸侯祭祀先祖的活动。周代时夏季在宗庙祭祖称禘,秋季在宗庙祭祖称尝。

[译文]　　孔子说:"武王与周公,可以说达到至孝的地步了吧。所谓'孝',其实就是善于继承前人的志向,善于承续前人的事业。每当春秋举行祭祀之时,要修葺祖庙,将祖宗所传的重

141

器陈列出来,摆设先人的衣裳,供奉时令的蔬果。宗庙祭祀的礼仪,是用来区分前后辈分的;序列爵位,是用来区分贵贱地位的;安排祭祀中的各种职务,是用来观察子孙们的才能;祭祀仪式后的宴饮中,晚辈向长辈敬酒,是用来表示先祖的祝福一直传达到地位较低的后辈身上;宴饮中按照头发的黑白来排列座次,是用来区分长幼次序的。

"摆上先祖的排位,奉行先祖制定的礼节,奏起先祖时代的音乐,尊重先祖所尊敬的人,爱护先祖所爱的子孙臣民。侍奉死者,就跟他活着时一样;侍奉亡者,就跟他还在时一样,这可以称得上孝的极致了。

"郊社之礼,是用以侍奉上苍的。宗庙之礼,是用来祭祀祖先的。明白了祭祀天地的礼节与四时祭祖的意义,那么治理国家就像看自己手掌中的东西一样清楚了。"

[通解]　　本章接续上章,通过武王、周公,进一步讲述"孝"的做法与意义,并总结前三章,完结此一节。另外本章涉及古代祭祀之礼的词汇较多,尤其需要我们先行熟悉贯通文句。

《论语》开篇第二章就讲:

　　　　孝弟也者,其为仁之本与。

儒家的核心思想"仁"就是将对于父母亲人的天然的仁爱之心推而广之,以这种仁爱去对待全社会。所以说,"孝"是

142

"仁"的起点。儒家认为爱是有等差的,人对熟悉的人的关爱,自然会高于陌生人。当战争发生在自己的家乡,跟战争发生在千万里之外的陌生地方,带给我们的冲击肯定是有所差别的。因此强调"孝"是为人之基,是儒家思想的重要特点。武王、周公首先是因其"达孝"而被儒家所推崇的。

◎继往与开来

龙应台曾谈到了解历史对于我们今天的意义:

> 对于历史我是一个非常愚笨的、非常晚熟的学生。四十岁之后,才发觉自己的不足。写《野火》的时候我只看孤立的现象,就是说,沙漠玫瑰放在这里,很丑,我要改变你,因为我要一朵真正芬芳的玫瑰。四十岁之后,发现了历史,知道了沙漠玫瑰一路是怎么过来的,我的兴趣不再是直接的批评,而在于:你给我一个东西、一个事件、一个现象,我希望知道这个事件在更大的坐标里头,横的跟纵的,它到底是在哪一个位置上?在我不知道这个横的跟纵的坐标之前,对不起,我不敢对这个事情批判。(龙应台《我们为什么要学习文史哲》)

对普通人来说,了解历史的意义在于看清楚自己在这个世界所处的位置。这个位置不仅是地理上的"我在中国,我的家是北纬多少东经多少",同时也是时间上的——"我的民

143

族、我的祖先从哪里来？我的后代、我的国家未来可能向哪里去？"而对于自己祖先的尊崇和追忆，就是时时铭记自己血脉的来历、自己的一部家族史。

周公制礼作乐，在我们今天看来或许显得内容复杂繁琐，但在精神上都是为了团结生者，铭记逝者。儒家思想特别强调对于先人志向的继承，这保证了后人铭记祖先的荣光和理想，用值得铭记的伟大事迹来激励自己不断前进。看清楚自己在时间中所处的位置：是一蟹不如一蟹，还是一浪更比一浪高？

儒家经典中有很多这方面的论述：

> 善歌者，使人继其声；善教者，使人继其志。（《礼记·学记》）

> 父在，观其志；父没，观其行。三年无改于父之道，可谓孝矣。（《论语·学而》）

> 曾子曰："吾闻诸夫子：孟庄子之孝也，其他可能也，其不改父之臣与父之政，是难能也。"（《论语·子张》）

所谓"继承"，绝不仅仅是"房子、车子、票子"，这些物质换到谁手里都是一样。重要的是继承先人的记忆与梦想，这才是夺不走的财富，也是对逝者最好的纪念——"孝之至也"。对于伟大人物、古圣先贤的纪念,更是超越血脉的,将整个民族凝聚成一个大家庭。这些人的事迹化为整个民族的精神而生生不息、代代相传。就像臧克家写给鲁迅先生的《有的人》:

有的人活着

他已经死了;

有的人死了

他还活着。

有的人

骑在人民头上:"呵,我多伟大!"

有的人

俯下身子给人民当牛马。

有的人

把名字刻入石头想"不朽";

有的人

情愿作野草,等着地下的火烧。

有的人

他活着别人就不能活;

有的人

他活着为了多数人更好地活。

骑在人民头上的，
人民把他摔垮；
给人民作牛马的，
人民永远记住他！

把名字刻入石头的，
名字比尸首烂得更早；
只要春风吹到的地方，
到处是青青的野草。

他活着别人就不能活的人，
他的下场可以看到；
他活着为了多数人更好地活着的人，
群众把他抬举得很高,很高。

——1949 年 10 月下旬于北京

《论语》中也有与本章最后一句"治国其如示诸掌乎"类似的表达：

或问禘之说。子曰："不知也。知其说者之于天下也,其如示诸斯乎?"指其掌。(《论语·八佾》)

对于这里的"示之掌",有两种解释。郑玄认为"示"是"置",治国就像放置在手掌中一样。朱熹认为"示"是"视","视之掌,言易见也"。治国就像看自己的手掌一样清楚。这两种说法是在字词理解上有分歧,所指的都是"易如反掌"之意。

◎本节小结

第十六章以鬼神的玄妙形容中道的精微。

第十七章以舜为例,讲述远古圣贤的高妙。第十八、十九章,回顾周王朝之初诸位先圣更新文明、建功立业、制礼作乐的功绩。

第十九章的最后,总结以上的内容。明晓郊社之中敬事鬼神的意义,便对于超出自己认知水平的情况有所敬畏;理解宗庙之中追思祖先的意义,便对过往历史的经验教训有所警醒。

理解了鬼神与祖先对于我们的意义,就是理解了"道之精微"处,也就对于自己所能知能行的极限有了一个把握。我们去改变自己、改变社会国家(修己以安人的"道之广大"处),就在这个限度之内展开。

那么在自己的能力范围之内,又该怎样去做?由此便引出了下一部分——"哀公问政"。

第四编：
哀公问政

朱熹所分章的第二十章，除去最后的"博学之"一段，便为《中庸》第三部分。这一部分的内容，也出现在《孔子家语》的《哀公问政》篇中。鲁哀公向他所尊敬的孔子请教如何为政治国，通过孔子的一系列回答，《中庸》表达了儒家对于治理国家和社会的具体规划，以及统治者与仁人君子怎样才能参与理想社会的建设中来等等一系列问题。

第一节 《中庸》与《孔子家语》

《孔子家语·哀公问政》

哀公问政于**孔子**。

孔子**对**曰："文武之政，布在方策。其人存，则其政举；其人亡，则其政息。**天道敏生**，人道敏政，地道敏树。夫政者，**犹蒲卢也，待化以成**，故为政在于得人。取人以身，修道以仁。仁者，人也，亲亲为大；义者，宜也，尊贤为大。亲亲之杀，尊贤之等，礼所**以生也**。**礼者，政之本也**，是以君子不可以不修身。思修身，不可以不事亲；思事亲，不可以不知人；思知人，不可以不知天。

"天下之达道有五，其所以行之者三。曰：君臣也，父子也，夫妇也，昆弟也，朋友。五者，天下之达道。智、仁、勇三者，天下之达德也。所以行之者，一也。或生而知

《礼记·中庸》

哀公问政。子曰："文、武之政，布在方策。其人存，则其政举；其人亡，则其政息。人道敏政，地道敏树。夫政也者，蒲卢也。故为政在人，取人以身，**修身以道**，修道以仁。仁者人也，亲亲为大；义者宜也，尊贤为大。亲亲之杀，尊贤之等，礼所生也。**在下位不获乎上，民不可得而治矣**！故君子不可以不修身；思修身，不可以不事亲；思事亲，不可以不知人；思知人，不可以不知天。"

天下之达道五，所以行之者三：曰君臣也，父子也，夫妇也，昆弟也，朋友**之交**也：五者天下之达道也。知、仁、勇三者，天下之达德也，所以行之者一也。或生而知

《孔子家语·哀公问政》	《礼记·中庸》
之,或学而知之,或困而知之,及其知之,一也。或安而行之,或利而行之,或勉强而行之,及其成功,一也。"	之,或学而知之,或困而知之,及其知之一也;或安而行之,或利而行之,或勉强而行之,及其成功一也。

公曰:"子之言,美矣至矣!寡人实固,不足以成之也。"

  孔子曰:"好学近乎智,力行近乎仁,知耻近乎勇。知斯三者,则知所以修身;知所以修身,则知所以治人;知所以治人,则**能成**天下国家者矣。"

  子曰:"好学近乎知,力行近乎仁,知耻近乎勇。知斯三者,则知所以修身;知所以修身,则知所以治人;知所以治人,则**知所以治**天下国家矣。"

公曰:"政其尽此而已乎?"

  孔子曰:"凡为天下国家有九经,曰:修身也,尊贤也,亲亲也,敬大臣也,体群臣也,子庶民也,来百工也,柔远人也,怀诸侯也。夫修身则道立,尊贤则不惑,亲亲则诸父**兄**弟不怨,敬大臣则不眩,体群臣则士之报礼重,子庶民则百姓

  凡为天下国家有九经,曰:修身也,尊贤也,亲亲也,敬大臣也,体群臣也,子庶民也,来百工也,柔远人也,怀诸侯也。修身则道立,尊贤则不惑,亲亲则诸父**昆**弟不怨,敬大臣则不眩,体群臣则士之报礼重,子庶民则百姓劝,来百工

《孔子家语·哀公问政》	《礼记·中庸》
劝,来百工则财用足,柔远人则四方归之,怀诸侯则天下畏之。"	则财用足,柔远人则四方归之,怀诸侯则天下畏之。

公曰:"为之奈何?"

孔子曰:"齐**洁**盛服,非礼不动,所以修身也。去谗远色,贱财而贵德,所以**尊**贤也。**爵其能**,重其禄,同其好恶,所以**笃**亲亲也。官盛任使,所以敬大臣也。忠信重禄,所以劝士也。时使薄敛,所以**子**百姓也。日省月**考**,既禀称事,所以**来**百工也。送往迎来,嘉善而矜不能,所以**绥**远人也。继绝世,举废**邦**,治乱持危,朝聘以时,厚往而薄来,所以怀诸侯也。**治**天下国家有九经,其所以行之者一也。

"凡事豫则立,不豫则废。言前定则不跲,事前定则不困,行前定则不疚,道前定则不穷。

"在卜位不获于上,民弗可得而治矣。获于上有道,不信于友,

齐**明**盛服,非礼不动,所以修身也;去谗远色,贱**货**而贵德,所以劝贤也;**尊其位**,重其禄,同其好恶,所以**劝**亲亲也;官盛任使,所以劝大臣也;忠信重禄,所以**劝**士也;时使薄敛,所以**劝**百姓也;日省月**试**,既禀称事,所以**劝**百工也;送往迎来,嘉善而矜不能,所以**柔**远人也;继绝世,举废**国**,治乱持危,朝聘以时,厚往而薄来,所以怀诸侯也。**凡为**天下国家有九经,所以行之者一也。

凡事豫则立,不豫则废。言前定则不跲,事前定则不困,行前定则不疚,道前定则不穷。

在卜位不获乎上,民不可得而治矣。获乎上有道:不信**乎**朋友,

《孔子家语·哀公问政》

不获于上矣。信**于友**有道,不顺于亲,不信于友矣。顺于亲有道,反诸身不诚,不顺于亲矣。诚身有道,不明于善,不诚于身矣。诚者,天之至道也。诚之者,人之道也。夫诚,弗勉而中,不思而得,从容中道,**圣人之所以体定也**;诚之者,择善而固执之者也。"

公曰:"子之教寡人备矣,敢问行之所始?"

孔子曰:"立爱自亲始,教民睦也;立敬自长始,教民顺也。教之慈睦,而民贵有亲;教以敬,而民贵用命。民既孝于亲,又顺以听命,措诸天下,无所不可。"

公曰:"寡人既得闻此言也,惧不能果行而获罪咎。"

《礼记·中庸》

不获乎上矣。信**乎朋友**有道:不顺乎亲,不信乎朋友矣。顺乎亲有道:反诸身不诚,不顺乎亲矣。诚身有道:不明乎善,不诚乎身矣。

诚者,天之道也;诚之者,人之道也。诚者不勉而中,不思而得,从容中道,**圣人也**。诚之者,择善而固执之者也。

博学之,审问之,慎思之,明辨之,笃行之。有弗学,学之弗能弗措也;有弗问,问之弗知弗措也;有弗思,思之弗得弗措也;有弗辨,辨之弗明弗措也;有弗行,行之弗笃弗措也。人一能之己百之,人十能之己千之。果能此道矣,虽愚必明,虽柔必强。

将《中庸》中"哀公问政"这一部分,与《孔子家语·哀公问政》部分相对照,可以看到两段所记载的是同一件事:鲁哀公向孔子请教如何为政治国。但对比两篇文字上的不同,尤其上文中加黑的部分,我们可以获得很多信息:

一、《孔子家语》(以下简称《家语》)中的记述,跟《孟子》《荀子》类似,一问一答。从文体上说,是典型的对话体。而《礼记》中的这一段,删去了鲁哀公的发问,就变成了一段孔子的个人陈述。但删得又不彻底,如其中第二处"子曰",就应当删而未删去。

《孔子圣迹图·哀公立庙》

二、第一段中《家语》的"天道敏生,人道敏政,地道敏树",《礼记》少了"天道敏生"一句。我们多读先秦典籍就能看到:一方面"天"是儒家思想中的重要概念,"天命之谓性""天地之大德曰生";另一方面将天、地、人并举的说法是一种常态,并不罕见。可见原文中是有"天道敏生"的,是后来在

155

编写《礼记》时脱漏,也或许是被认为与本段关联不大而主动删去的。

三、第一段中《家语》的"为政在于得人",《礼记》写为"为政在人"。《家语》的意思就更明确,就是为政的关键在于获得贤人相助。而《礼记》"为政在人"就可能有意思上的分歧:"在人"是指在哪个人?是指领导者自己吗?所以很可能原文就是"为政在于得人",而编写《礼记》时为了与下文"取人以身,修身以道,修道以仁"几句保持句式的整齐才修改的。

四、《礼记》第一段里多出了一句本该在后面的"在下位不获乎上,民不可得而治矣",这种错误属于流传过程中产生的混乱。可见《家语》在前,《礼记》的编订在后。

五、第五段中《家语》的"齐洁盛服",《礼记》写为"齐明盛服"。原因是《礼记·中庸》前文出现过"使天下之人,齐明盛服,以承祭祀"(第十六章),修改这一个字是为了与前文保持一致。但实际上,前文讲的是对待鬼

杨朝明、宋立林主编的《孔子家语通解》

神,是一种公众活动,所以要"明"。此处讲的是个人修身,做到"洁"就可以了。

六、第五段中《家语》讲治国之"九经",其中有"尊贤""笃亲亲""敬大臣""子百姓""来百工"等。《礼记》一律用"劝"字,改为"劝贤""劝亲亲""劝大臣""劝百姓""劝百工"。这种改动,貌似增进了文辞的工整,更重要的区别在于:周代天子对于"亲"与"大臣"之间,还有血缘亲情上的联系,到了西汉时,具有绝对权威的皇权已经建立起来,原来上下级间亲密的关系到了西汉已经被替换成了严谨统一的君臣关系。而"劝"字多用于上对下的劝勉、指示,所以西汉时的《礼记》也要将原来内涵丰富、各不相同的动词统一改为"劝"字。

七、第五段中《家语》的"爵其能",《礼记》写为"尊其位",这也和西汉的政治环境有关。刘邦与群臣订下白马之盟:"非刘氏而王者,若无功上所不置而侯者,天下共诛之。"封赐爵位是只有极少数刘姓之外的开国功臣才有的荣耀,后来者再有才能也达不到这个高度。不会发生的事情就没必要允诺,所以《礼记》中改为"尊其位"。这样含义宽泛一些,又不失原意。

八、第五段中《家语》的"举废邦",《礼记》写为"举废国",显然是为了避汉高祖刘邦的名讳。我们前面已经提到,避讳问题到秦汉时变得严谨:"汉法,天子登位,布名于天下。四海之内,无不咸避。"河北定州汉墓里出土的竹简本《论语》中，就把所有的"邦"字改为"国"字。"废邦"这种文字更是不会出现在西汉的《礼记》中。

由以上诸多例证可以看到，"哀公问政"这一段在收入《礼记·中庸》时，经过了编者的改造。相比之下，《孔子家语》中的这一段记载更加接近原文，接近作者的本意。因此我们在阅读"哀公问政"这一部分时需要记得参照《孔子家语》的记载。

从这个例子推而广之，提醒我们读古书时必须注意"版本"的问题。因为时代的久远、流传的复杂，以及各种人为的因素，许多古籍都存在变动和刻意改动，形成了不同版本。不仅是我国先秦的书籍，其他思想经典比如《圣经》《心经》也有许多不同的版本。即使时代很晚近的《水浒传》《红楼梦》也有不少的版本，相互之间差别还很大。这种现实启示我们，在对待古代经典时，树立一种"版本意识"，在自己的能力范围之内尽量选择一个好的版本来阅读，而不是随便抓一本，甚至从网上搜一个 doc、txt 文件就看。"差之毫厘，谬以千里"，这也是"读'好'书"的一个重要层面。

第二节　政治的核心

《中庸》第二十章

[原文]　　哀公[1]问政。子曰:"文、武之政,布在方策[2]。其人存,则其政举;其人亡,则其政息。人道敏[3]政,地道敏树。夫政也者,蒲卢也。故为政在人,取人以身,修身以道,修道以仁。仁者,人也,亲亲为大;义者,宜也,尊贤为大。亲亲之杀[4],尊贤之等,礼所生也。在下位不获乎上,民不可得而治矣! 故君子不可以不修身;思修身,不可以不事亲;思事亲,不可以不知人;思知人,不可以不知天。"

[注释]　　[1]哀公:鲁哀公,春秋时鲁国国君,姓姬,名蒋,谥号为哀。

[2]方策:指典籍。木板称为方,竹简称为策。

[3]敏:勤勉,致力。

[4]杀:等差,降等。

[译文]　　哀公向孔子询问施政的问题。孔子说:"文王、武王所施

行的举措,都明白地记载在典籍之中了。如果有贤良高人在,这些措施就能实施;他们不在了,这些措施也就推行不下去了。好的政治环境里,政策推广得快;好的土壤环境里,树木生长得快。所谓政治,就像蒲苇一样,生长和凋零都很快。

"所以说,要处理好国家政务,关键在于获得人才为我所用;要获得人才,就要修养自身;修养自身要循中庸之道;循中庸之道需要用仁。仁,就是爱人,其中首要的是亲爱亲人;义,就是合适,其中首要的是尊重贤人。爱亲人有程度之分,尊贤人有等级之分,这种区别就产生了礼。

"所以说君子不可以不修养自身。要修身,不能不侍奉父母亲人;要侍奉亲人,不能不了解人;要了解人,不能不知道天理。"

[通解]　　　　此一节的中心是讲"为政在于得人",以及如何"得人"。

儒家的政治思想特别强调"人治"——人的重要性和圣人的榜样力量。古圣先贤的举措,我们都能看到;前人在社会治理中的经验教训也有很多,我们都能读到。但为什么总不能避免重蹈覆辙呢?儒家认为,这在于没有出现合格的领导者,所以形不成好的社会风气,曾经的经验也无法落实。上行下效,为政者只要能做到为政以德,就会获得拥戴和支持,就能变化世风。

"蒲卢"为何物,主要有两种解释。

郑玄认为"蒲卢"是一种土蜂:

蒲卢，螺蠃，谓土蜂也。《诗》曰："螟蛉有子，
螺蠃负之。"螟蛉，桑虫也，蒲卢取桑虫之子去而变
化之，以成为己子。政之于百姓，若蒲卢之于桑
虫然。

扬雄《法言》里讲得更有趣味："螟蛉之子殪而逢，螺蠃祝之
曰：'类我、类我。'久则肖之矣。"也就是说，蒲卢（螺蠃）这种
蜂，会把桑树上螟蛉的幼虫抱回自己的窝里，然后日夜不停
"祈祷"："长得像我、长得像我……"久而久之，螟蛉的幼虫
真的长成了"蒲卢"的样子。以此来比喻推行什么样的政治，
就会培养出什么样的人民。

朱熹认为"蒲卢"即蒲苇：

蒲卢，沈括以为蒲苇是也。以人立政，犹以地
种树，其成速矣。而蒲卢又易生之物，其成尤速也。
言人存政举，其易如此。

朱熹认为由圣贤之人来推行好的政策，和水边蒲苇生长迅速
一样，忽然之间就已经蔚为大观了。以此比喻来强调"贤能
政治"的巨大力量。

从在上位的领导者的角度来说，要得到具有这种能力的
圣贤之人，要从自身修养做起，贤达之士自会出现：

161

为政以德，譬如北辰，居其所而众星共之。

（《论语·为政》）

而修养的起点，就是遵循"仁"和"义"的原则，做到"亲亲"和"尊尊"。前面我们已经提到，儒家承认人与人之间的差别，不认为有绝对的平等。同是亲人，父母肯定比从未见过的远房亲戚更为亲近；同是贤人，也有能力大小的区别。所以不论是按情感与血缘上的"亲"，还是按能力与品质的"尊"，都是要由近及远、由高到低、分清主次的，给予别人应得的礼遇。这种区别就表现在使用礼法的不同上。

领导者首先从修养自身做起，这也就是《大学》所讲的"自天子以至于庶人，壹是皆以修身为本"。那么"孝悌也者，其为人之本与"，修身则首先需要从敬事父母亲人做起。

那么怎样做才是对父母亲人好的呢？显然不是父母所要求的都是对的，这就需要我们有自己对于人性的判断。这就需要我们知人性。"天命之谓性"，人性是天命赋予的。这就需要我们知天。

那么"天命"赋予人类的共通共有的特点是什么呢？

由此便引出了下一节——"三达德"。

第三节　人生三达德

[原文] 天下之达道五,所以行之者三:曰君臣也,父子也,夫妇也,昆弟[1]也,朋友之交也:五者天下之达道也。知、仁、勇三者,天下之达德也。所以行之者一也。或生而知之,或学而知之,或困而知之,及其知之一也。或安而行之,或利而行之,或勉强而行之,及其成功一也。

[注释]　[1]昆弟:兄弟。

[译文]　天下共通的人伦之道有五种,用以做好它们的德行有三样。这五种人伦关系是君臣、父子、夫妻、兄弟、朋友。这三样重要的德行是智、仁、勇。做好它们的核心都是一样的。从"知"的起点的角度看,有的人天生聪慧而知道,有的人通过学习知道,有的人碰壁后发现问题知道,而最后是一样地知晓大道。从"行"的终点的角度看,有的人安于此道就去做,有的人看到其中的好处而去做,有的人因为外在的原因勉强自己去做,而最后是一样地获得了成功。

关于"所以行之者,一也"的"一",有两种解释。

朱熹认为,这个"一",就是指后文谈到的"诚"。"诚"是《中庸》中总结的修身之根本所在,所以说要践行智、仁、勇的品质,根本在于"诚"。这样解释,意思很通顺,这是从文章思想内容的角度来推断的。

清代的王引之在《经义述闻》里提出:"一"字是衍文,原文应该是"所以行之者也"。首先,本章前面已经说了一次"行之者三也",后面又说"所以行之者也",是指"三达德的作用是用来践行五达道的"。其次,像《史记·平津侯主父列传》里有"智、仁、勇此三者,天下之通德,所以行之者也",《汉书·公孙弘传》里有"仁、智、勇三者,所以行之者也",都没有"一"字。这是以其他文献旁证的角度来推断的。

◎五伦与三德

《孟子·滕文公上》讲:"圣人有(又)忧之,使契为司徒,教以人伦:父子有亲,君臣有义,夫妇有别,长幼有序,朋友有信。"天命赋予了人间五种基本的人伦关系。任何一个在这世上生活的人,都生活在这五种人际关系之中,而且缺一不可。

当然,如美国法学家劳伦斯·弗里德曼所述:"走在大街上,陌生人保护我们,如警察;陌生人也威胁我们,如罪犯;陌生人教育我们的孩子、建造我们的房子、用我们的钱去投资……"当代社会已经进入了"陌生人社会",我们日常所接触的"陌生人"的比例越来越高,由此有人提出:儒家"五伦"的说法是不是已经不能适应现代社会了?

对此我们要指出,要应对这种人际关系上的新变化,显然需要比以往的"熟人社会"更加注重法制与制度的建设。不难发现,法律和规章能给社会标上线,明确什么该做、什么不该做,对于侵害他人的不法行为给予惩戒,但人与人之间心理的交互、人情人心的炎凉则是这些所无法触及的。儒家思想对于我们对人际关系的认识,可能比以往更加具有现实意义:首先,"五伦"也只是指不同人伦之间有不同表现,我们对待陌生人必不可能如同对待父母妻子一样亲密无间,"五伦"与"陌生人社会"的现实并不矛盾;其次,儒家讲"仁者爱人",这即对天下人的普遍之爱,儒家思想从未忽视过这一点;再次,"五伦"讲"朋友有信"。同门曰"朋",同志曰"友",孔子讲"有朋自远方来,不亦乐乎","朋友"本就不等于"熟人",而是强调彼此之间有共识、有共同的志趣。"陌生人社会"更需要靠友爱、信任与共识凝聚人心,避免陷入"他人即地狱"的互害的境地。

在后世,尤其是经过宋代理学家的阐释后,仁义礼智,或仁义礼智信,或孝悌忠信礼义廉耻"八德"越来越受到重视,在儒家学说中的地位越来越高。相比之下,在先秦与两汉时代,儒家更强调的还是智、仁、勇"三达德":

子曰:"知者不惑,仁者不忧,勇者不惧。"(《论语·子罕》)

子曰:"君子道者三,我无能焉:仁者不忧,知者不惑,勇者不惧。"子贡曰:"夫子自道也。"(《论语·宪问》)

智、仁、勇,此三者天下之通德。(《史记·平津侯主父列传》)

包括为给楚国求援而哭于秦廷七日的楚国大夫申包胥,也曾说过:

夫战,智为始,仁次之,勇次之。不智,则不知民之极,无以铨度天下之众寡;不仁,则不能与三军共饥劳之殃;不勇,则不能断疑以发大计。(《国语·吴语》)

儒家推崇的优秀品德有很多,但智、仁、勇这三者是为当时儒家推崇的最重要的品质,也是最为基本的品质。

人生天地间,需要时时秉持这三种"达德",缺一不可。单纯的"勇"几乎没有意义,"既仁且智,是谓成人",勇而不仁不智,即陷于"暴";单纯的尚"智",可能沦为诡谲,同非儒家所倡;单纯的崇"仁"好礼,不能与时推移,宋襄公泓水之战的失败便是最直接的镜鉴。

◎通向成功的三条路

我们已经多次说到,儒家思想承认人有高低层次之分,但只要通过主观努力,都有成为圣人的可能。《论语》中也提到了类似的说法:

> 孔子曰:"生而知之者,上也;学而知之者,次也;困而学之,又其次也;困而不学,民斯为下矣。"(《论语·季氏》)

从这个角度可以看出人的资质高低。包括孔子也说自己:"我非生而知之者,好古,敏以求之者也。"(《论语·述而》)孟子从这个角度来评论古代帝王:

> 尧舜性之也。汤武身之也。五霸假之也。久假而不归,恶知其非有也。(《孟子·尽心上》)

> 尧舜,性者也;汤武,反之也。(《孟子·尽心下》)

尧舜即是天性良善、天生圣人,他们爱民是出于本性。商汤、武王通过战争推翻恶政,拯救天下苍生,他们的爱民是意识到了"爱民"是正确的并且去身体力行。而春秋五霸能称霸天下,也要借助"爱民"的名义,在实际的行动上,也必然需要做出爱民的行为来。这对他们而言,也是一种学习的过程。这就是"生而知之"与"学而知之"的区别。

相对再差一点的,就是"困而知之",在遇到困境之后,才意识到上进的重要性。就像我们熟知的少年周处的故事:

> 周处年少时,凶强侠气,为乡里所患。又义兴水中有蛟,山中有邅迹虎,并皆暴犯百姓。义兴人谓为"三横",而处尤剧。或说处杀虎斩蛟,实冀三横唯余其一。处即刺杀虎,又入水击蛟。蛟或浮或没,行数十里,处与之俱。经三日三夜,乡里皆谓已死,更相庆。竟杀蛟而出,闻里人相庆,始知为人情所患,有自改意。
>
> 乃入吴寻二陆。平原不在,正见清河,具以情告,并云欲自修改,而年已蹉跎,终无所成。清河曰:"古人贵朝闻夕死,况君前途尚可。且人患志之不立,亦何忧令名不彰邪?"处遂改励,终为忠臣孝子。(《世说新语·自新》)

周处为害乡里,被人认为比水中蛟龙、山中猛虎更可怕。周处在终于意识到自己被乡亲们仇恨后,拜会名士,发奋努力,终成一代良臣,名垂青史。所以说从起点的角度来讲,这三种情况虽然起点高低不同,但最终"及其知之"都是一样的,都有机会走上人生正道。而在这些之下的人就是孔子所说的"困而不学",遇到问题也不去改进,得过且过,麻木不仁,浑浑噩噩地混日子。

以学习和工作为例,最好的情况当然是学习者自身很清楚"学习"对自己意味着什么,感受到了满足自己好奇心与个人成长所带来的幸福感,喜欢自己的"工作",知道这是实现自己人生价值和理念的必然过程;其次则是看到了用心"学习"和"工作"对自己的有益之处——更多的可能性和更好的未来;再次则是虽然不清楚"学习"和"工作"的意义,也认为这个努力的过程充满辛苦,但依然按照社会共同的价值观去努力学习、尽心工作。这三种情况虽然在认识上有高低不同,但最终"及其成功"都是一样的,都有机会成为人生的成功者。而在这些之下的人就是孔子所说的"庸人":

> 心不存慎终之规,口不吐训格之言,不择贤以托其身,不力行以自定。见小暗大,而不知所务;从物如流,不知其所执。此则庸人也。(《孔子家语·五仪解》)

心里没有坚持的原则,口里说不出有益于人的话来,不知道什么样的人值得学习、追随,也不知道磨炼什么作为立身之本。小事上聪明而大事糊涂,分不清哪个更重要;凡事随波逐流,不明白该坚持什么。这样的"庸人"并不鲜见,根本不知道自己的人生要往哪里去。

[原文]　　　　子曰:"好学近乎知,力行近乎仁,知耻近乎勇。知斯三者,则知所以修身;知所以修身,则知所以治人;知所以治人,则知所以治天下国家矣。"

[译文]　　　　孔子说:"好学不倦就接近'智'了,努力行善就接近'仁'了,知道羞耻就接近'勇'了。知道了这三点,就知道怎样修养自己了;知道怎样修养自己,就知道如何治理集体了;知道如何治理集体,就知道治理天下国家的道理了。"

[通解]　　　　通过之前与《孔子家语》对比,我们知道这一段前面原有哀公的问话:

　　　　　　公曰:"子之言,美矣至矣! 寡人实固,不足以成之也。"

　　　　针对孔子在前面说的,智、仁、勇是为人最重要的三种品德,哀公认为这三者并不容易做到。本段就是孔子对此的回答。陈立夫先生对此评论:

好学非智,然足以破愚,故近于智;力行非仁,然足以忘私,故近于仁;知耻非勇,然足以起懦,故近于勇。

好学、力行、知耻虽然不等于智、仁、勇,但是好学就可以使人头脑清晰,破除愚昧;力行就可以使人眼界开阔,不局限于自己的小圈子;知耻就可以激发人上进,力争上游。所以说在好学、力行、知耻上面下功夫,就越来越接近智、仁、勇的品质了,这是修身的起点。之后才可以讨论如何平治天下,正如《大学》说的:"身修而后家齐,家齐而后国治,国治而后天下平。"

下文便是哀公问孔子如何平治天下的问题。

第四节　九经治天下

[原文]　　凡为天下国家有九经,曰:修身也,尊贤也,亲亲也,敬大臣也,体群臣也,子庶民[1]也,来百工也,柔远人也,怀诸侯也。

[注释]　　[1]子庶民:像对待子女一样对待普通百姓。子,以之为子。

[译文]　　　　治理天下国家的大原则有九条:修身、尚贤、亲爱亲人、尊敬重臣、体恤群臣、慈爱百姓、招徕工匠、优待远客、抚顺诸侯。

[通解]　　　　朱熹注解:"此列九经之目也。"

[原文]　　　　修身则道立,尊贤则不惑,亲亲则诸父昆弟不怨,敬大臣则不眩,体群臣则士之报礼重,子庶民则百姓劝,来百工则财用足,柔远人则四方归之,怀诸侯则天下畏之。

[译文]　　　　知道修身便能确立中道。能尊贤就不会困惑。和睦九族就不会招致亲人的抱怨。尊敬重臣就不会遇事慌张混乱。体恤群臣,士人们会加倍回馈。慈爱百姓,百姓会努力上进。招徕工匠,国家就能百货齐备、财源广进。善待远客,四方之人都来归顺。抚顺诸侯,天下都会敬畏。

[通解]　　　　朱熹注解:"此言九经之效也。"

[原文]　　　　齐明盛服,非礼不动,所以修身也;去谗远色,贱货而贵德,所以劝贤也;尊其位,重其禄,同其好恶,所以劝亲亲也;官盛任使,所以劝大臣也;忠信重禄,

172

所以劝士也;时使薄敛,所以劝百姓也;日省月试,既禀称事,所以劝百工也;送往迎来,嘉善而矜不能,所以柔远人也;继绝世,举废国,治乱持危,朝聘以时,厚往而薄来,所以怀诸侯也。

[译文]　　斋戒沐浴,衣饰整齐,不合于礼的事不做,以此来修身。

驱逐小人,与美色保持距离,轻视财物而重视德行,以此来尊贤。

提高他们的爵位,增加他们的俸禄,与他们好恶一致,以此来团结亲族。

安排足够的下级官员供其指挥,使其能集中精力处理大事,以此来抚慰重臣。

对待他们有诚信,供养他们有重禄,以此来勉励士人。

征发徭役不与农时冲突,尽量减少赋税征收,以此来慈爱百姓。

按日考勤、按月考绩,发放的酬劳与做出的贡献相称,以此来激励匠人。

能护送他们离开,能迎接他们到来,嘉奖有善性长处的人,体谅才能不足的人,以此来安抚远来之人。

为绝代的诸侯在旁系里选择合适的继承人,将被攻亡的城邦重新建设起来,治理混乱,扶持微弱,按时接受诸侯的朝见聘问,赠礼丰厚而收贡少,以此来抚顺诸侯。

173

[原文]　　　　　凡为天下国家有九经,所以行之者一也。

[译文]　　　　　总之治理天下国家有九大原则,而实践起来,就是秉持"诚"这么一个核心。

[通解]　　　　　以上这部分讲述治理国家要坚持的九大原则,条理很清晰,三段从"是什么""为什么""怎样做"三个角度层层递进。"九经"之内,也有明白的先后顺序,朱熹《中庸章句》引用吕祖谦的观点说:

> 天下国家之本在身,故修身为九经之本。然必亲师取友,然后修身之道进,故尊贤次之。道之所进,莫先其家,故亲亲次之。由家以及朝廷,故敬大臣、体群臣次之。由朝廷以及其国,故子庶民、来百工次之。由其国以及天下,故柔远人、怀诸侯次之。此九经之序也。

可见九经是按照由近及远的次序排列:修身—尊贤和亲亲—敬大臣和体群臣—子庶民和来百工—柔远人和怀诸侯。

修身是为政的基本起点,尊贤与亲亲体现了领导者的智与仁,是修身的延伸。这些我们前文已经讲到。

◎治国之经纬

重臣是国之栋梁，是国家建设中某一方面的专家，因此要为他们多配人手，提供各种所需的条件。这也是为了让他们从琐碎的闲杂事务中解脱出来，专心于重要工作。再厉害的人，你让他把每天的时间都浪费在上下班的路上，浪费在为各种事情排队、等待指示和批准上，他也什么成绩都做不出来了。因为任何人的时间和精力都是有限的，"好钢要用在刀刃上"。让专家真正成为他所在领域内的专家，他才能为你在具体的、特殊的问题上出谋划策，这样治理国家就不会有困惑了。

各级工作人员是治理国家的基石，是上层与下层沟通的桥梁。再好的政策，如果没有执行，都是废纸一张。因此要言而有信、厚待群士，反面例子就像朱元璋，虽然由布衣成为天子，但他敌视官僚阶层，俸禄微薄的同时又以严刑峻法对待他们。这样官僚只能从百姓身上盘剥利益，他们生存的压力最终还是转嫁到了普通百姓身上。因此，宽厚对待工作人员，更能激发他们工作的活力和信心。

随着社会分工的发展，今天的"行业"已经非常繁多，并且由于时代的变化也永远处于变动之中。而在古代中国，尤其是西周这么早的时代，基本还只有农业和手工业可以称为生产行业。因为是自给自足的自然经济，所以商业活动相比之下也并不很活跃。所以九经中强调社会生产时，只有"子

175

庶民"和"来百工"两个方面,这是先秦时期社会环境的反映。

农业生产是一切个人和集体的生命线。从古至今,"三农"问题从来都是不能轻视的问题。如果果腹都解决不了,其他一切就都无从谈起。但看中国古代的历史,总有些帝王为了一时的利益,征收大量的赋税或者无休止地征发百姓进行战争、修建工程,最终破坏了生产,乃至葬送了整个国家。因此要如《论语》中所说"节用而爱人,使民以时",合理地征收赋税,不去与民争利;合理地安排公共工程的建设,不去与民争时。这样人民群众自然对国家支持,对领导者满意。

手工业就是古代的"高科技"产业,技术上的一点提升就可能带来生产力成倍增长。因此要定时定量加以考核,衡量对比付出与贡献的多少,给予工匠们相应的奖励,这样百工自然专心于自己的特长,不断磨砺和改进工艺。

在春秋战国时代,各个诸侯国间的关系复杂,人口流动也比较自由。所以我们可以看到卫国的商鞅帮助秦国变法,本是楚人的伍子胥为了报父仇去做了吴国大夫,更有孔夫子周游列国这样的事例。这种情况下,好的环境和政策就能获得赞誉,吸引人才主动前来,这对国家的长远发展也是至关重要的。所以"九经"的最后提出对待"外人"的"柔远人"和对待"外国"的"怀诸侯"。

《孟子》当中有很多关于施行仁政吸引远方人民的描写:

今王发政施仁，使天下仕者皆欲立于王之朝，耕者皆欲耕于王之野，商贾皆欲藏于王之市，行旅皆欲出于王之途，天下之欲疾其君者皆欲赴愬于王。其若是，孰能御之？（《孟子·梁惠王上》）

因此说，对待远方主动前来的人民：对于有能力、有抱负的要加以厚遇，以开放的心态对待人才，商鞅就属于前者；对于遇到困难前来投奔的也要同情和善待，以包容的心态对待他们，伍子胥就属于后者。这样四方之民自然都愿意前来归顺。

春秋的各国虽然互相之间有着错综复杂的矛盾，但从历史渊源上来说皆为周天子治理下的亲戚之国。国家之间的战争可能针对的只是统治集团的少数人，并不追求彻底消灭对方的国家。《论语·尧曰》中也说："兴灭国，继绝世，举逸民，天下之民归心焉。"——直到勾践灭吴国时，才渐渐进入了追求"彻底征服"的战国时代——就算是在规模和冲突更加剧烈的战争里，像是第二次世界大战，德国、意大利和日本等战败国也是承认战败即止，并不会被彻底歼灭。所以这里讲，对处于困难，乃至失去领导的混乱邦国，要施以援手，帮助他们恢复秩序，重新复兴。这既是把对方国家的民众和自己国家的民众一视同仁的仁爱之心，也是为自己国家的长远利益而考虑。

对于运转良好的国家，则要建立起良性的沟通关系，以

礼相待。《礼记》中说:

> 往而不来,非礼也;来而不往,亦非礼也。(《礼
> 记·曲礼上》)

"礼"就是关于"来往"的规定,人与人之间交往要有礼,国家与国家之间更是如此。"礼"的原则之一就是在双方平等的情况下"自卑而尊人"——放低自己而尊敬对方,简单地对自己而丰厚地对对方。"厚往而薄来"的原则几乎一直被中国的历代王朝所坚持着。

公元238年,是我国的三国时代。当时的日本女王卑弥呼派遣使臣难升米和副使都市牛利来到魏国,向魏明帝献上带来的"生口"(奴隶)男性四人、女性六人以及班布(染以杂色的木棉布)二匹二丈。魏明帝盛情款待了这些日本"稀客",并效法汉光武帝赐封倭国女王卑弥呼为"亲魏倭王,假金印紫绶",封难升米为率善中郎将,都市牛利为率善校尉,假银印青绶。另外,魏明帝又赐下"绛地交龙锦五匹、绛地绉粟罽十张、蒨绛五十匹、绀青五十匹","绀地句文锦三匹、细班华罽五张、白绢五十匹、金八两、五尺刀二口、铜镜百枚、真珠、铅丹各五十斤,皆装封",让难升米带回倭国。这是正史中记载的中国与日本的第一次接触。

15世纪初,随着郑和"超级舰队"向南对印度洋的巡航,以及明成祖朱棣向北对蒙古势力的扫荡,结合"厚往而薄来"

的外交政策,明朝的朝贡体系达到了一个高峰,向明朝朝贡的国家和部族超过了六十个。尤其到了明朝中后期实行海禁政策,朝贡体制更成了这些国家与中国进行贸易往来的主要手段。其中最有名的是明朝朝廷与日本幕府之间的"勘合贸易":

实行海禁后,明朝朝廷只允许外国与明朝进行有时间、地点规定的朝贡贸易。外国商船载贡品及方物土产来华,朝廷将"贡品"收下后,再以"国赐"形式回酬给外商们所需的中国物品。这些贸易船舶必须持有明朝朝廷事先颁发的"勘合"(贸易许可证)。

这表面看来只是一种政府间的贸易方式,但实际上并不是纯粹的商业交换,日本幕府从中获取了极大好处:首先,明朝朝廷的回赠品的价值大大超过上贡方贡物的价值。其次,明朝朝廷给出的价格很高,以日本刀为例,在日本值 800 到 1000 文的刀,明朝朝廷就会给价 2000 文。再次,这种贸易不仅减免关税,明朝朝廷还会承担整个使团在大明期间的全部食宿费用,免费供应归途一个月需要的海上旅程用粮。

从以上两个例子,大略可以看出"朝聘以时""厚往而薄来"的原则对后世中国外交政策的影响。这保证了清朝统治之前的中国在国际关系中的主导地位。

要贯彻执行这九大原则,"行之者一也"的"一"是什么呢?以程颢、朱熹为代表的大部分学者认为,"一"是指下文提到的"诚":

一以贯九者,诚也。故其下论诚。(程颢《中庸解》)

　　一者,诚也。一有不诚,则是九者皆为虚文矣。此九经之实也。(朱熹《中庸章句》)

所有这九大原则实行起来,核心是一个"诚"字。如果内心不诚,只是口头上支持,而内心里并不认可,那么一切都会变成虚文、变成口号,不可能长久地发挥作用。

[原文] 　　凡事豫[1]则立,不豫则废。言前定则不跲[2],事前定则不困,行前定则不疚,道前定则不穷。

[注释] 　　[1]豫:预备,准备。
　　[2]跲(jié):绊倒,此处指言语不顺畅。

[译文] 　　凡事预先有准备就能达成,不做准备就会失败。就像发言,事先准备好就不会吞吞吐吐。就像做事,事先筹划就不会出现困窘。就像行动,先有准备就不会后悔。就像选择了中道,就不会有穷途。

[通解] 　　"宜未雨而绸缪,勿临渴而掘井",不论是发言、做事、行

动还是求道,都必须得预先有所计划、有所准备、有所追求。像上面讲到的治国"九经"就是这样,为政治国不能等出现了什么问题再去应对解决,而必须早有原则和预案。当领导者都看到了问题的严重,那老百姓还不知道已经在水深火热中煎熬了多久呢。

对于个人而言,古语云"莫欺少年穷"。立长志,矢志于一个"道",人生就有格局、有气象,脚步就更扎实稳健。年轻时穷困不可怕,怕的是方向不明、浑噩度日,长大后依然穷困。孔子说:

> 后生可畏,焉知来者之不如今也? 四十、五十
> 而无闻焉,斯亦不足畏也已。(《论语·子罕》)

年轻人年富力强,谁也不能断定其将来成就不如别人。但到了四五十岁还没有什么值得称道的地方,就真的不值得敬畏了。孔子又说:"年四十而见恶焉,其终也已。"人到了四十岁还被人厌恶,那么这个人也就这样了。曾子也说:"三十、四十之间而无艺,即无艺矣;五十而不以善闻矣。"

人生有理想、有目标,就有动力。持之以恒,目标就越来越近。孔子"十有五而志于学",早早确立了学习和奋发的方向,有志于"道"。他"三十而立,四十而不惑",五十岁达到"知天命"的境界。孔子心中有"道",虽然少时丧父丧母、地位低微贫贱,但他在逆境中奋发,用后天的"好学"成就了他

的"博学"。不仅是孔子的话语,他的人生轨迹同样给我们以启迪。

"人无远虑,必有近忧",从国家到集体,再到个人,皆是如此。如果事事都靠随机应变的能力来拆东墙补西墙,总有一天会彻底玩不转了,全盘轰然坍塌。

第五节 "诚"为天道

[原文] 　　在下位不获乎上,民不可得而治矣。获乎上有道:不信乎朋友,不获乎上矣。信乎朋友有道:不顺乎亲,不信乎朋友矣。顺乎亲有道:反诸身不诚,不顺乎亲矣。诚身有道:不明乎善,不诚乎身矣。

[译文] 　　下位的人不能获得上级的信任,就没法治理好民众。而要得到上级的信任是有方法的,那就是在朋友中先有声誉。要在朋友中有声誉,那就先要能让父母顺心。要想让父母顺心,先要反省自身是否诚实。反省自身是有规则的,不知什么是善,就没法使得自己诚实。

[通解] 　　这一段在文字和逻辑上,都照应着本章开头"君子不可以不修身;思修身,不可以不事亲;思事亲,不可以不知人;思

知人，不可以不知天"一段。上下文逻辑的链条分别是：

知天—知人—事亲—修身
   诚身—顺亲—朋友信—获于上

层层递进，可以看出其中严密的逻辑。从"内圣"的精神层面看，知天道，进而明人性，终点是以"诚身明善"来修身。从"外王"的物质层面看，起点是以"诚身明善"来修身，进而是获得人们的信任，进而是获得天下。这与《大学》中从"致知""诚意""正心"到"修身"到"齐家治国平天下"是一样的顺序和道理。

[原文] 诚者，天之道也；诚之者，人之道也。诚者不勉而中，不思而得，从容中道，圣人也。诚之者，择善而固执之者也。

[译文] 诚，是上天的原则。追求诚，是做人的原则。天生赤诚之人，不用勉强就做得恰当，不用刻意思考就有答案，从容达到中道，这样的人就是圣人。追求诚的人，选择善道而坚持不懈地做下去。

[通解] 在《孟子》中，有一段文字与上文近似。可见这一段最初是孔子所述，子思所传，孟子再次记录的：

孟子曰:"居下位而不获于上,民不可得而治也;获于上有道:不信于友,弗获于上矣;信于友有道:事亲弗悦,弗信于友矣;悦亲有道:反身不诚,不悦于亲矣;诚身有道:不明乎善,不诚其身矣。是故诚者,天之道也;思诚者,人之道也。至诚而不动者,未之有也;不诚,未有能动者也。"(《孟子·离娄上》)

◎天以诚为本

这一段指出"诚者"与"诚之者"的区别。最高的圣人如舜,顺天道,是天生就具有与天地一样的至诚的"诚者",他们不需要勉强自己就是天生圣人。其次的是后天主动追求至诚的"诚之者",像颜回,我们需要做的就是发现和选择善端,并且坚持不懈地做下去:"得一善,则拳拳服膺,而弗失之矣。"

这里指出"诚者,天之道也":一个"诚"字是天道的本真、天的根本属性,这是儒家世界观的起点。那么儒家为什么这么说呢?

其中的意思在于:天是不会欺骗我们的。宇宙世界是彻底的真实、真诚和无偏无私的。作为本源,它的一切都静待我们去发现和理解,而它没有任何私欲,更不会有所隐瞒。这种对世界的理解看似平常,但与其他思想观点相对比,就可以看到儒家思想的特点：譬如佛教，从根本上认为世界是一个虚幻；而怀疑主义的代表人物笛卡尔更提出，除了"我在怀疑"本身，要去怀疑一切，包括世界的存在、神的存在、我的存在。

本段的重点在于指出了"诚"是天道的内核，因而也就是人向天道学习的过程——修身的核心，是修行中庸之道的核心。之后《中庸》的第四部分，完全围绕"诚"字展开。

◎ 本编小结

从"哀公问政"至下面的"博学之"一段，朱熹认为是一个整体，划为第二十章。朱熹的观点是：

> 此引孔子之言，以继大舜、文、武、周公之绪，明其所传之一致，举而措之，亦犹是耳。盖包费隐、兼小大，以终十二章之意。章内语"诚"始详，而所谓"诚"者，实此篇之枢纽也。

朱熹认为本章通过引用孔子的讲述，接续前文舜帝、文王、武王、周公的话题与事迹，接续起与中道一脉相承的"道统"来。而其中丰富的内容，又是对第十二章讲道"费而隐"的具体阐发。可见朱熹从文章思想脉络的角度硬要解释出前后章之间的联系，比较牵强和为难。

前面我们通过和《孔子家语·哀公问政》的对比已经可

以看到,"哀公问政"一段本是一篇独立的文章,没有必要强行解释出它与上下文密切的关联。而这篇文章原本的结尾在《孔子家语》中可以看到,那就是:

> 公曰:"子之教寡人备矣。敢问行之所始?"
>
> 孔子曰:"立爱自亲始,教民睦也;立敬自长始,教民顺也。教之慈睦,而民贵有亲;教以敬,而民贵用命。民既孝于亲,又顺以听命,措诸天下,无所不可。"
>
> 公曰:"寡人既得闻此言也,惧不能果行而获罪咎。"(《孔子家语·哀公问政》)

《礼记》一书中倒也有这段话,但是不在《礼记·中庸》里,而是剪裁归到了另外一篇——《礼记·祭义》当中去了。《中庸》这里换上了另一个结尾:"博学之"这一段。可见"博学之"这一段为后来加工进去的,所以我们现在将它划分到下一部分"至诚与至圣"中。

"哀公问政"这一部分,记录了孔子回答鲁哀公关于治国的问题。孔子首先提出"为政在人",强调"人"在政治中的决定性地位。人需修身,在"五达道"与"三达德"上下功夫,这是治理国家的"准备阶段"。进而孔子提出治国要特别关注的"九经"。但无论是修身或是治国,再多的条目要真正发挥作用,根本在于内心的"诚"。由此也引出了专门讲述

"诚"的第四部分。

朱熹的弟子黄榦说：

> 善读者当细心求之，求之既得，则当优游玩味，使心理相涵。则大而天下国家，近而一身，无不晓然见其施为之次第矣。此章当一部《大学》，须着反复看，越看越好。（黄榦《勉斋集》）

"哀公问政"这一部分虽然初看繁杂，但熟读后便可以看到其中自成体系，逻辑有着清晰的脉络。尤其与《大学》对比来读，对《大学》也会有新的理解。

第五编：
至诚与至圣

《中庸》的最后一部分,朱熹讲其重点为"诚明"二字,确实如此。这一部分的核心在"至诚"或者说"诚"这个字上。

我们谁也挡不住天际日月星辰自东向西的流转,就像谁也挡不住春去秋来、挡不住寒来暑往,我们效法"天道",就要顺应"天道"、遵循"天道",这才是正确的"人道"。而要走好自己的人生路,就要以"至诚"之心"择善固执",就要认知到"诚外无物"。

唯有至诚,方能至圣;人中至圣,天性至诚。

第一节 "格物"的功夫

[原文]　博学之,审问之,慎思之,明辨之,笃行之。

有弗学,学之弗能弗措也;有弗问,问之弗知弗措也;有弗思,思之弗得弗措也;有弗辨,辨之弗明弗措也;有弗行,行之弗笃弗措也。人一能之己百之,人十能之己千之。果能此道矣,虽愚必明,虽柔必强。

[译文]　追求诚的功夫,有五个步骤:广博地学习、审慎地追问、周密地思考、明确地辨析、笃实地执行。

要么就没有学过,如果学了就学到真正掌握为止;要么就不问,如果问了便要问个明白为止;要么就不去思考,如果思考就要有所得为止;要么就不去辨析,如果辨析就要分辨得明白为止;要么就没有做过,如果做就要做到笃实认真为止。别人出一分功夫,我便出百分功夫;别人做十分努力,我便做千分努力。如果能做到如此毅力,愚人也能变得明智,弱者也会变得刚强。

这一段承接上文末尾的"择善而固执之者也"而言，指出"诚之者"如何择善、稳固、执守，如何追求"诚"的方法。按《大学》中的逻辑顺序，可以说是"格物"的功夫。

追求"诚"，须得知行合一。学、问、思、辨，是求知的功夫，笃行是落实去做的功夫。从认识到实践，不断反复，不断努力，不断质疑。不只是在修身上追求至诚、追求中道，我们学习新事物，做出一点事业，无不需要经历这样切磋琢磨自己的过程，这是所有人必经的成长之路。今天到中山大学，还能看到孙中山先生亲笔题写的校训"博学，审问，慎思，明辨，笃行"。

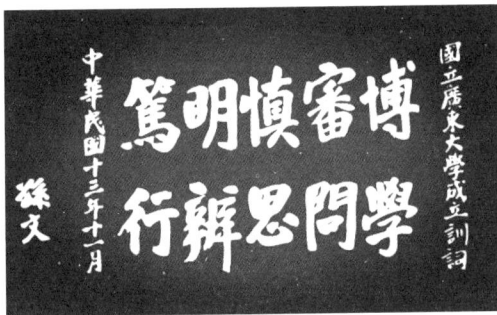

中山大学校训

◎联通上下文

自"哀公问政"至本段，是朱熹所分的《中庸》第二十章。

自本段以下，以"诚"为中心，会谈论到至诚精神的神奇表现与至圣之人的精神境界。脱离了对具体的人与事的阐发，更多的是从哲学的高度进行推衍和阐发，正像本书开篇时我们引用朱熹所说的：

> 中庸之书难看。中间说鬼说神，都无理会。学
> 者须是见得个道理了，方可看此书，将来印证。
>
> 中庸多说无形影，如鬼神，如"天地参"等类，说
> 得高；说下学处少，说上达处多。

这体现了儒家思想的哲学理念，也是《中庸》中最难以理解的部分。因此我们说，对于任何一种学说，都不能强求一接触就有完全的理解与体会，尤其是在年轻的时候。就像黑格尔说的："同一句话，从一个饱经沧桑的老人口中说出，与从一个少不更事的孩子口中说出，它的含义是不同的。"理解和接受也是如此：许多话意味着什么，都需要结合人生的磨砺与思考，才能有所体味。我们能做的，也就是不断在博学、审问、慎思、明辨、笃行上下功夫，不断重温经典，对照自己。

第二节　成才之路

《中庸》第二十一章

[原文]　　自诚明，谓之性；自明诚，谓之教。诚则明矣，明则诚矣。

[译文]　　　　由至诚而后明德,是天性纯良;由明德而达到至诚,是人文教化。至诚即能明德,明德也可以达到至诚。

[通解]　　　　前面我们已经多次提到儒家观念中"天才与人才"的区别。这里又再次指出,人中至圣,是天性至诚,没有一丝虚伪做作。见到一点善性、善端便会点明心灵,善待万物。就像孟子所说的帝舜:

> 孟子曰:"舜之居深山之中,与木石居,与鹿豕游,其所以异于深山之野人者几希。及其闻一善言,见一善行,若决江河,沛然莫之能御也。"(《孟子·尽心上》)

> 尧舜,性者也。(《孟子·尽心下》)

而我们绝大多数人都需要通过学习与磨炼,先明德,"大学之道,在明明德"。主动进行学习和修行,也就是儒家所重视的"教化",使我们符合社会的要求,能与其他人和平共处,乃至成为领导者。这时我们才逐渐认识到"诚"所发挥的力量,逐渐走向至诚的境界。

"诚"与"明",就像感性的善良与理性的公正,是一枚硬币的两面,可以相互转化。理解人性的人,自然会待人讲理;

懂得讲理的人,自然能体悟人性。道路不同,但终点一致,"及其成功,一也"。

《中庸》第二十二章

[原文]　　唯天下至诚,为能尽其性;能尽其性,则能尽人之性;能尽人之性,则能尽物之性;能尽物之性,则可以赞天地之化育;可以赞天地之化育,则可以与天地参矣。

[译文]　　只有天下至诚的圣人,才能完全发挥他的天性;完全发挥了天性,就能激发大家的天性;激发了大家的天性,就能极尽万物的本性;能极尽万物的本性,就能与天地共同化育万物,与天地并立为三。

[通解]　　本章承接上章,讲达到了至诚境界的"诚者"才能成为哲学意义上的"人"。

法国思想家帕斯卡尔讲:

　　人只不过是一根苇草,是自然界最脆弱的东西;但他是一根能思想的苇草。用不着整个宇宙都拿起武器来才能毁灭他,一口气、一滴水就足以致他死命了。然而,纵使宇宙毁灭了他,人却仍然要比致他死命的东西高贵得多;因为他知道自己要死亡,以及宇宙对他所具有的优势,而宇宙对此却是一无所知。(帕斯卡尔《思想录》)

每一种足以被称为"思想"的学说,都必然要从哲学的高度来解释人的终极意义和价值。帕斯卡尔指出,具体的某个人确实是无比脆弱的,但从哲学的、人类整体的角度来看"人",人的独特、人能超越万物的高贵之处,在于人的思考。

以儒道两家为代表的中华文明认为,哲学高度上的"人",终将达到"天人合一"的境界,与天地并列。所谓"三才者,天地人",如《周易》所说:

有天道焉,有人道焉,有地道焉。兼三才而两之,故六。六者非它也,三才之道也。(《易传·系辞下》)

是以立天之道,曰阴与阳;立地之道,曰柔与刚;立人之道,曰仁与义;兼三才而两之,故《易》六画而成卦。(《易经·说卦》)

本章讲人到达"至诚"之境,才算是彻底解放了天性,达到精神的自由境界。这种精神与天地相通,也就能与天地万物产生共鸣。这也就是庄子说的：

> 独与天地精神往来，而不敖倪于万物。(《庄
> 子·天下》)

《中庸》第二十三章

[原文]　　其次致曲[1]。曲能有诚，诚则形，形则著，著则明，明则动，动则变，变则化，唯天下至诚为能化。

[注释]　　[1]曲：某一侧面。

[译文]　　一般的人，致力于某一种善性。致力于善也可以做到至诚，心诚就会表露于外在，表露在外的会逐渐显明，显明的善可以变化气质，优秀的气质可以带动他人，带动他人就可以引起转变，引起转变就能化育万物。唯有至诚之人方能达到化育万物的境界。

[通解]　　本章承接上章，讲与先天圣人相对的后天"诚之者"达到至诚境界的过程。
　　后天的学习者，是在某一侧面、某一专业领域中努力。而要做到最好，必然也会感受到"诚"的重要意义。就如村上春树谈他关于长年跑步的感悟说："人生本来如此：喜欢的事

自然可以坚持,不喜欢的怎么也长久不了。"(村上春树《当我谈跑步时我谈些什么》)时间长了,我们所坚持的、致力于的这一侧面也会影响我们的精神气质。加之"诚"的心态,我们也可以如天生"诚者"一样,积极影响他人,乃至移风易俗。

◎工匠与艺术家

北宋黄休复吸收前人的观点,在他的《益州名画录》中,将优秀的绘画再分为能品、妙品、神品和逸品四个级别:

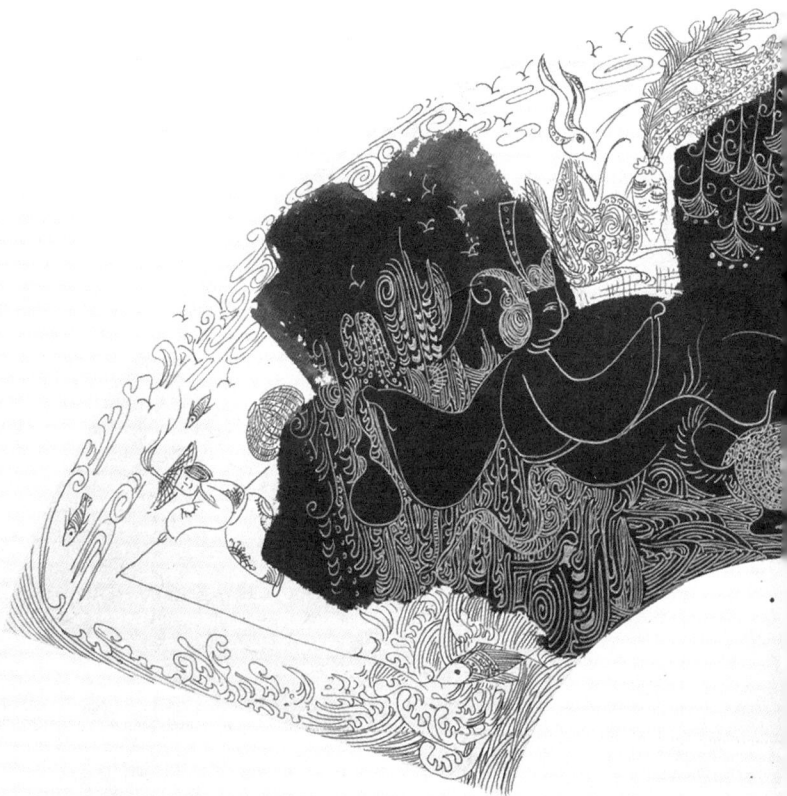

画有性周动植，学侔天功。乃至结岳融川，潜鳞翔羽，形象生动者，故目之曰能格尔。

画之于人，各有本性，笔精墨妙，不知所然。若投刃于解牛，类运斤于斫鼻，自心付手，曲尽玄微，故目之曰妙格尔。

连山堂张真先生扈画《神人畅》

199

> 大凡画艺,应物象形。其天机迥高,思与神合。
> 创意立体,妙合化权,非谓开厨已走、拔壁而飞,故
> 目之曰神格尔。

> 画之逸格,最难其俦。拙规矩于方圆,鄙精研
> 于彩绘。笔简形具,得之自然,莫可楷模,出于意
> 表,故目之曰逸格尔。

好的画家之中,又有四个层次:不论山河鱼鸟,什么都能画得
形象生动,此为"能";得于心,便能应于手,很难表现的题材
也没有问题,此为"妙"。至如梁代的张僧繇:

> 又金陵安乐寺四白龙,不点眼睛,每云:"点睛
> 即飞去。"人以为妄诞,固请点之。须臾,雷电破壁,
> 两龙乘云腾去上天,二龙未点眼者见在。(张彦远
> 《历代名画记》)

"画龙点睛"的故事,正是表达张僧繇之画艺已达"神"
的境地。而在此之上,还有一重境界:不必再顾忌任何曾经
需要用来依靠的规矩,不必再在作画的客观条件上汲汲营
营。每一次创作,都是一次不可重复的未知探险,而最终的
作品,更能带给观者,乃至作者预想不到的体验。

不仅我们视为"艺术"的绘画、文学、音乐是这样，在中国传统文化中，亦关注到日用百货中所可能蕴含的至道妙境。中国的匠人，在无法计数的日日夜夜中，不断练习、揣摩、打磨自己的作品，亲自用手去触摸、去体味万物之性。无论是笔墨纸砚，还是茶叶、紫砂、厨事等等，优秀的"手艺人"兼"工匠"与"艺术家"于一身，始于工与巧，成于道与艺。这便是本章所说的从"致曲"到"变化"的过程。

随着人类社会的发展，知识的总量越来越大，专业划分越来越精细，工作的门类也越来越多。在唐代时，一个人如果用功读书，还有可能将当时天下所有的书都读尽。而在21世纪的今天，花光一生的时间也读不完中国一个季度的出版物，更不要说全球范围了。我们每一个人都是在人类知识（或体能）的一个侧面努力，致力于这一方面将人类的极限往前推进一点点。

中国从西方借鉴的学位制度中，最高也是"博士"。从词汇的本义来看，任何一个学科的博士学位的英文统称为 Ph.D，即 Doctor of Philosophy，也就是"哲学博士"。修习文学是文学哲学博士，研究物理学是物理哲学博士，等等，这代表了西方文明中对于知识体系的观念：任何一门专业的学科，在最高层次上，都是对人类哲学的贡献。这与本章提出的从"致曲"到"变化"的观点是一致的。

第三节　至诚之道

《中庸》第二十四章

[原文]　　至诚之道,可以前知。国家将兴,必有祯祥[1];国家将亡,必有妖孽。见乎蓍龟[2],动乎四体[3]。祸福将至:善,必先知之;不善,必先知之。故至诚如神。

[注释]　　[1]祯(zhēn)祥:吉祥,吉祥的征兆。

　　　　　[2]蓍(shī)龟:蓍草和龟甲,古人用来占卜的工具。

　　　　　[3]四体:四肢。泛指人的行为。

[译文]　　达到至诚的境界,可以预见未来。国家将要兴旺,必先有吉祥的征兆。国家将要覆亡,必先有妖孽横行;或是在蓍草龟甲这些外物上见到征兆,或是自己的四肢身体就有所察觉。祸福将要到来之时,善与不善,都能提前感知。所以说,至诚就如同神灵一般微妙。

[通解]　　◎至诚若神

　　本章讲具有至诚境界,可以敏锐地观察到细微的征兆,从而预判未来。

对于常人来说，就像《大学》中讲的：

> 人之其所亲爱而辟焉，之其所贱恶而辟焉，之
> 其所畏敬而辟焉，之其所哀矜而辟焉，之其所敖惰
> 而辟焉。故好而知其恶、恶而知其美者，天下鲜矣。

大多数人被自己的情绪、喜好和私欲所蒙蔽，又局限于自己的知识水平，便看不到事物之间的联系。更严重的是，明明已经发觉了迹象，却因为不敢面对而继续自欺欺人。

《老子》说："祸兮福之所倚，福兮祸之所伏。"或许自然，或许突然，但是我们必须承认世间万事皆有前因后果。"福尔摩斯"这个人物形象的迷人魅力，就在于他能利用知识和逻辑推断出未曾亲眼看到的事情。而至诚之人，既有智慧上的高超，尊重客观事实，不自欺欺人；又有心灵上的坦荡，"无一毫私伪留于心目之间"，不为私欲所累，不为感情所左右，不为喜爱或憎恨的人所误导。所以，对于福祸吉凶的发生都能预先判断。

当然了，本章说福祸吉凶的发生，表现在"祯祥""妖孽""蓍龟""四体"上，我们大可不必局限于这些具体的特殊侧面。像王夫之所说："妖孽者，非但草木禽虫之怪也，亡国之臣，允当之矣。"（《读通鉴论》）更多的时候，我们直接观察人、了解社会，就能有自己的判断。前文我们举到《孔子家

语》记载的"荆公子行年十五而摄荆相事"的例子,孔子看到仁人志士得到重用,在朝辅政,自然可以得出对方国家安定团结的推断。又如,我们来到一家公司,看到员工都是三五成群聚在一起,电话在响也没人主动去接,你来到门口半天也没人招呼,自然可以想见这种风气之下的集体难以长久。

"克拉克三大定律",是英国科幻作家亚瑟·查理斯·克拉克提出的,其点出了科学文化方面的三大规律:

定律一:如果一个年高德劭的杰出科学家说,某件事情是可能的,那他可能是正确的;但如果他说,某件事情是不可能的,那他也许是完全错了;

定律二:要发现某件事情是否可能的界限,唯一的途径是跨越这个界限,从不可能跑到可能中去;

定律三:任何非常先进的技术,初看都与魔法无异。

定律三就揭示了一个重要的事实:当某一事物足够超前,以至于突破了我们理解的极限、我们想象力的边界时,我们便要用"超自然"来加以解释和理解了。

同样,这种把握未来的洞察力如果推广到了极致,中间思考的逻辑链条都让人看不明白,当然就显得像具有超自然力一般"如神"。

而至诚的境界是如何达到的？由此便引出了之后两章。

《中庸》第二十五章

[原文]　　　诚者自成也，而道自道^[1]也。诚者物之终始，不诚无物。是故君子诚之为贵。诚者非自成己而已也，所以成物也。成己，仁也；成物，知也。性之德也，合外内之道也，故时措之宜也。

[注释]　　　[1]自道(dǎo)：自我导引。道，动词。

[译文]　　　诚者，可以自我完善。天道，可以自我运行。诚是万物的发端与归宿，没有诚就没有了万物。因此君子将诚视为珍宝。诚不仅仅是成就完善自身而已，更重要的是成就万物。成全自己，是仁；成就外物，是智。仁和智是天性包含的德行，用来沟通自身与外物，再加上适时而动，就没有不合适的了。

[通解]　　　本章以"诚者自成"为中心，讲"诚"对于人的重要作用。
　　　　　　具有了真诚内心的人，无论是学习知识，或是修行自身、建立事业，都可以不依赖外物就不断运行、不断完善。为人处世，如果本于私利，甚至依靠谎言行事，必然时时恐惧，谎

言被揭穿的时候也会失去一切；如果倚靠他人作为支撑，再多的繁华恭维都是泡沫，"靠墙，墙会倒；靠人，人会跑；靠父母，父母会老"。

因此君子认为"诚"是宝贵的。待己以诚，就能以真实不虚的态度生活，脚踏实地，实事求是；待人以诚，对方也能感受得到，即便遇到挫折失败也值得原谅和给予第二次机会；待事以诚，"己欲立而立人，己欲达而达人"，就能求得共赢，将事业与生活等其他方面协调起来。

所以说坦诚沟通、真诚相待的"诚"，是我们对待自己内心和一切外物的总原则，修身的总原则——既是开始时就要做到的，也是最终所要追求的——具体的做法则要根据"时"的不同而有所不同。

《中庸》第二十六章

[原文]　　故至诚无息。不息则久，久则征，征则悠远，悠远则博厚，博厚则高明。博厚，所以载物也；高明，所以覆物也；悠久，所以成物也。博厚配地，高明配天，悠久无疆。如此者，不见而章，不动而变，无为而成。

天地之道，可一言而尽也：其为物不贰，则其生物不测。天地之道：博也，厚也，高也，明也，悠也，久也。

　　　　至诚之道,只是因时而变,但没有止息的时候。运行不殆,就历时长久,就会显露于外,就可以悠久无穷,就可以广大深厚,就可以高远光明。广大深厚,就可以承载万物;高远光明,就可以覆盖万物;悠久无穷,就可以成就万物。广大深厚的特质,可以与地相配;高远光明的特质,可以与天相配;悠远无穷的特质,就像天地般无边无尽。如此说来,至诚的影响就像天地,不需要主动显露就能彰明,不需要主动去做就能变化,不需要主动作为也可以有所成就。

　　天地的法则,用一个"诚"字就可以概括了:其本源只有"一",就可以衍生出万物万事。所以说天地是广大、深厚、高远、光明、悠久、无穷的。

　　　　本章承接上章"诚者自成"之意,讲"诚"与天地一样,不需要仰仗外物,只是不断积累、运转不息,终将蔚为大观。

　　不同于法家的积极"有为"、纵横家的合纵连横等等,儒道两家与其理想不同,对应的生活方式自然也不同。这里接续本章"诚者自成"的意思,讲只要秉持诚意,"择善而固执之",个断在"博学、审问、慎思、明辨、笃行"上面下功夫,不断磨炼,善性自然可以越积越厚,以至于达到"与天地参"的至诚境界。

　　从这个角度看,儒家与道家类似,都在看似"不动""无为"中有为。当然需要指出的是,很长时间里我们都认为儒道两家是针锋相对的,简单地贴标签说儒家是"积极入世"的,道家是"消极出世"的。随着学术进步和近些年来对一些出土文献的研究,我们已经可以看到儒道两家思想都是源自西周文明,两者在很多地方都有相同相通之处,所以称儒道两家是周代文明同一个源头分出的两条支流更为恰当。

天地是客观存在,它们的"诚"自然也是恒久不变的,所以讲"一言而尽""为物不贰"。而人与它们不同,人需要主动去抉择:

> "孔子曰:'道二:仁与不仁而已矣。'暴其民甚,则身弑国亡;不甚,则身危国削。名之曰'幽''厉',虽孝子慈孙,百世不能改也。诗云:'殷鉴不远,在夏后之世。'此之谓也。"
>
> 孟子曰:"三代之得天下也以仁,其失天下也以不仁。国之所以废兴存亡者亦然。天子不仁,不保四海;诸侯不仁,不保社稷;卿大夫不仁,不保宗庙;士庶人不仁,不保四体。今恶死亡而乐不仁,是犹恶醉而强酒。"(《孟子·离娄上》)

天地之道只是一诚,人道则有二:仁与不仁。除了圣人天性即诚以外,我们都面临选择。至于如何选择,都在于我们自己,而我们也必须承担相应的后果。

208

[原文]今夫天,斯昭昭^[1]之多,及其无穷也,日月星辰系焉,万物覆焉。今夫地,一撮土之多,及其广厚,载华岳而不重,振河海而不泄,万物载焉。今夫山,一卷石之多,及其广大,草木生之,禽兽居之,宝藏兴焉。今夫水,一勺之多,及其不测,鼋鼍^[2]蛟龙鱼鳖生焉,货财殖^[3]焉。

诗云^[4]:"惟天之命,於穆^[5]不已!"盖曰天之所以为天也。"於乎^[6]不显^[7],文王之德之纯!"盖曰文王之所以为文也,纯亦不已。

[注释]

[1]昭昭:明亮,光明。

[2]鼋(yuán)鼍(tuó):巨鳖和扬子鳄,水生动物。

[3]殖:滋生,兴起。

[4]此句引自《诗经·周颂·维天之命》。

[5]穆:恭敬,庄严。

[6]於(wū)乎:赞叹词。

[7]不(pī)显:大显。不,即"丕",大。

[译文]

现在我们说的天,从小处看不过就是一点光明,但它的全貌是无边无尽的,日月星辰都靠它维系,世上万物都被它覆盖。我们说的地,从小处看不过就是一撮尘土,但它的全貌是广博深厚的,承载崇山峻岭也不吃力,容纳天下百川也

209

不泄露,世上万物都由它承载。我们说的山,从小处看不过就是一堆碎石,但它的全貌是广袤高峻的,草木生长于其中,禽兽居住于其中,矿藏埋藏于其中。我们说的水,从小处看不过是一勺所盛,但它的全貌是深不可测的,鼋鼍、蛟龙、鱼鳖在其中繁衍,还有各种宝物在其中孕育。

《周颂·维天之命》中说:"只有天命的运转,肃穆而永不停息",这也就是苍天之所以是苍天的道理。其中又说:"多么显赫啊,文王纯粹的圣德",这就是文王之所以是文王的道理,纯粹的诚如天命一样没有止息。

[通解]

◎华岳、华山

本段提到"载华岳而不重"一句,到了清代,有学者由此质疑《中庸》不是子思所作,其主要的理由在"华岳"二字上。

只从字面意思看,"岳"即高大的山,"华岳"指的应该就是华山。而子思是孔子的孙子,鲁国人(今山东西南部),按照先秦时候"就近举例"的惯例,子思一般应该说泰山如何如何。由此更可以猜想,华山靠近咸阳或者长安,《中庸》的作者说华山如何如何,可见《中庸》的作者是秦汉时期的儒家学者,而非子思。清代的大才子袁枚更称赞这一发现"真可谓读书得间,发二千年古人所未有"。

对此质疑,也早有其他不少学者做过辨正。比如顾实认为"华岳"就是"西岳华山":

不知此正子思所以形容祖德之广崇,二《南》
《大雅》尝言江汉矣,岂必囿于咫尺之间哉?(顾实
《汉书艺文志讲疏》)

　　他认为举远方的华山为例是子思特意为之,以此来显示
此处境界的阔大。

　　徐复观先生则认为"华岳"不是指今天的华山,并有很详
细缜密的分析:

　　(一)"载华岳而不重"和"振河海而不泄"两句相对,就
好比后来骈文和诗词中的"对仗","河海"称呼的是两种水,
"华岳"称呼的估计也是两座山。

　　(二)经过对文献的研究可以知道,齐国境内有华山和岳
山,又相隔不远,所以把它俩连起来说是很自然的。它们就
在今天的山东济南附近,身为鲁国人的子思提到它们也很
正常。

　　(三)秦朝时的"五岳"里面没有华山,自然也就根本没
有"华岳"这个词汇。

　　(四)本段还说到可以开发山,"宝藏兴";可以开发水,
"货财殖"。这种靠山吃山、靠水吃水的观念是临海的齐鲁大
地才比较重视的。当时的秦地学者更关注的还是农耕生产。
(更详尽的分析,请见徐复观先生《中国人性论史》第五章第
十二节《下篇成篇的时代问题》。)

　　将这个细节问题说清楚,一是因为这看似只是细节,但

关系到《中庸》的作者和成书时间的大问题；二是通过此例展示一下学术研究的复杂、严谨和乐趣；三是可以看到，直到今天许多注解《中庸》的书中一面说《中庸》的作者是子思，一面又将"华岳"解释成"西岳华山"，因而更有必要把这个问题讲清楚。

◎厚积薄发

本段以天地山水的厚积，来表现"至诚无息"的功效。

关于"积累"的意义，我们之前已经提过。积累，不仅仅是数量上的增加，到了一定程度上便是质的提升。仅仅是一捧土、两捧土，好像没有多大区别，但是厚积到了黄土高原的程度，那它的一捧土即使被冲走了，也是为着整个华北平原提供养分，甚至不断改变着国家版图的形状。仅仅是一棵树、两棵树，好像没有多大区别，但如果繁育成了森林，像亚马逊丛林，就能自成生态圈，为全球提供氧气。仅仅是一滴水、两滴水，好像没有多大区别，就算是满满一游泳池的水，也会很快变脏变臭，但是如果汇聚成了江河湖海，就产生了水体自净的能力，就可以孕育成千上万的生命。这都是量的积累而产生的质的飞越。

人事同样如此。当人年轻的时候，经历得少，一点点挫折可能就呼天抢地，沉沦其中。而随着经历与见识的增长，慢慢知道世界之丰富与人世之艰辛，对他人也就有了更多的理解，面对挫折与失败就能泰然处之，就像尼采的名言："凡不能杀死我的,皆使我成长。"

　　社会环境同样如此。当人与人之间的信任少时,我们就得加上更多的锁、安上更多的监控器、合同里写上更多的条款。而当整个社会的信任感和安全感都积累到很高的程度时,我们真的可以达到"路不拾遗,夜不闭户"的理想状态。

　　天行健,君子以自强不息;地势坤,君子以厚德载物。本章最后引用《诗经》中赞美文王之德的诗篇,称赞文王德行的积累永无止息,已经达到了可与天同列的至诚境界。

　　由此,就从上文讲天道的极致——至诚,转入下文讲人道的极致——至圣。

第四节　至圣之德

《中庸》第二十七章

[原文]　　大哉圣人之道! 洋洋乎! 发育万物,峻[1]极于天。优优大哉! 礼仪三百,威仪三千。待其人而后行。

　　故曰苟不至德,至道不凝焉。故君子尊德性而道问学,致广大而尽精微,极高明而道中庸。温故而知新,敦厚以崇礼。

213

是故居上不骄,为下不倍,国有道其言足以兴,国无道其默足以容。诗曰[2]"既明且哲,以保其身",其此之谓与!

[注释]　　　　[1]峻:高峻,险峻。

　　　　　　　[2]此句引自《诗经·大雅·烝民》。

[译文]　　　　圣人之道多么伟大啊,充乎天地之间。它生养万物而通达至天,充沛而有余。礼的大纲有三百条,礼的细节有三千条,都等待着圣贤之人来实行。

　　　　　　　所以说,若不是有崇高的德行,就不能凝聚至道在心。因此君子尊崇道德而又追求学问,寻求德之广博又细究精微之处,达于极高的境界而又遵循中庸之道,回顾旧知而获取新知,敦实厚道崇尚礼义。

　　　　　　　因此身居高位也不骄横,处在下位也不悖逆。国家清明有道,他的言论足以振兴。国家荒淫无道,他的沉默也足以容身。《烝民》中讲的"既明达又有智慧,可以保全自己",说的就是这个意思。

[通解]　　　　达到至诚境界的圣人,如上文所说,达到了与天地相通的境界,可以化育世间万物。礼乐制度就是圣人周公融合自然法则与人的性情而设计的,在他身后,再要将礼乐制度落

实到人民的生活之中,真正发挥作用,还有待后来的圣人。这也是"哀公问政"部分开头提出的"为政在人"的观点。

《礼记·中庸》这里讲"礼仪三百,威仪三千"。

《礼记·礼器》里面有"经礼三百,曲礼三千"。

《大戴礼记·本命》有"礼经三百,威仪三千"。

此外还有"正经三百,动仪三千"等类似的说法,这些都是指礼的大纲与礼的细节。就好比说《中华人民共和国宪法》有四章,又细分为 138 条;《中华人民共和国刑法》有十章,又细分为452 条。当然"三百""三千"的数目,是古人取一个概数的说话习惯,就像"诗三百""白发三千丈"的说法一样,并非确数。

◎中庸的五种面貌

就像圣人一样,只有先达到了崇高的道德水平,才可能体会至诚的精神境。因此君子要想达到圣人的级别,要修行自身的德行,接下来子思提出了五点:

遵循先天的本心,同时尽心学习后天的智慧;既能看到道的广大浩瀚,也能专精于道的细微玄妙;做到真正的高明有为,又能行中道不走极端;在质疑旧有知识的基础上开拓新的境界;忠厚温和,合乎礼的要求。

这五条之中,都隐含中庸之道的要求·

把握先天素质与后天塑造之间的中。一方面不能忽视自己本有的天性,就像在人类进化中的七百万年里,不论是

215

狩猎、采集还是营造住所,要生存下去就必须像其他生物一样每天付出大量的体力。长时间伏案工作,只是近一千多年的事情,与整个人类进化历史相比微不足道。因此久坐久立、缺乏运动是对人体健康有害的,这一点无可辩驳。把"从来不运动"当光荣的,更是无知的表现。另一方面,人需要从后天的学习中汲取营养。人类之所以能不断进化,一个重要的原因就是人的语言和文字可以将前人的经验、智慧积累下来,我们不必每一代人都从零开始。"不听老人言,吃亏在眼前",一味靠自己的感觉去闯,在很低级的地方犯错,这样的失败例子不胜枚举。

把握广大与精微之间的中。一方面,广而不精的"广"没有实际意义。最鲜明的例子就是现在社会上满街跑的"国学大师",你只要给一个话头,不管是儒释道、中欧印,还是经史子集、五行八卦,或是奇门遁甲、唐诗宋词、琴棋书画诗酒茶,没有他不能讲的。但过后回味起来,这样的"广博"只是"国学"名号包装下的新型"成功学":一些大而无当的套话加上激动人心的奇闻趣事,没有任何实际收获,让你听得一时痛快罢了。另一方面,是精而不博的"精"会在现实生活中失去落脚点。最典型的例子是现在为数不少的博士,由于各种原因,不愿甚至不能与外界、与社会进行良性的交流,有时甚至成为社会小报的主角,被一些持"读书无用论"的人拿来做"反面教材"。博士本该是本专业领域内的智慧者、未来的精英,但当"专精"影响了"广博",导致专业研究与社会实际脱节:他们的专业不被社会了解,他们的专业知识也难以直接地影响社会、改变社会,甚至他们本人都不能很好地融入社会。

把握超凡与平凡之间的中。反面的例子如希特勒,他在艺术、军事、演说等许多方面都有远超出常人的能力,但他的野心让600万犹太人失去了生命,把大半个世界拖进了战争的深渊。到了二战后期,他的多疑和偏执又葬送了德国和他自己。如果没有道德上的追求,一个人的能力越大,造成的危害也越大。

把握旧与新之间的中。在这上面,年轻人容易犯的错误是一味求新。追求新事物,推崇新观点。年长的人容易犯的错误是一味守旧。在自己熟悉的圈子里打转,过分保守。"沉舟侧畔千帆过,病树前头万木春",事实上,不论是继承还是批判,新事物总是从旧事物当中生发出来的。不存在彻底的"旧",也没有纯粹的"新"。

◎"善良"等于"正确"吗?

最后一点,是把握善良与原则之间的中。许多时候我们自以为自己是善的一方,在做好事。其实,失去了原则规约的"滥好人",从长远的角度看反而是在坏事。

《孔子家语》中记录了这样一个故事.

子路为蒲宰,为水备,与其民修沟渎。以民之劳烦苦也,人与之一箪食、一壶浆。孔子闻之,使子贡止之。

子路忿然不悦,往见孔子,曰:"由也以暴雨将至,恐有水灾,故与民修沟洫以备之,而民多匮饿者,是以箪食壶浆而与之。夫子使赐止之,是夫子止由之行仁也。夫子以仁教而禁其行,由不受也。"

孔子曰:"汝以民为饿也,何不白于君,发仓廪以赈之? 而私以尔食馈之,是汝明君之无惠,而见己之德美矣。汝速已则可,不则汝之见罪必矣。"

(《孔子家语·致思》)

子路在蒲邑当地方官的时候,带领百姓修筑防洪工程,并且自掏腰包给百姓准备了饮食。孔子听说后派子贡去制止子路。

子路因此很不高兴,反问孔子:您用"仁"教导我们,怎么又禁止我按照"仁"去做,这我接受不了。

仁爱百姓当然没错,但要遵循原则。孔子考虑到了子路当时的身份,身为地方官,体谅百姓饥饿,那按照程序去请示上级拨发粮食就好。明明有章可循却自掏腰包,那是侠士的行为,不符合他地方官的身份。而且,越级擅做主张,还可能会得罪上级,所以孔子是指子路行"仁"的方式存在问题。

不论古代的"礼",或是现代的"法",还是其他约定俗成的社会公约、制度,它们的存在本身就是人们生活经验的总结、思考后的产物,维护着我们的生活秩序,所以应当受到我们的尊重。古代如此,现代社会一样如此。

比如,对待城市中一些亦真亦假的流浪乞讨者,正确的做法是联系有关部门(民警、地铁工作人员等)走正常的收容程序。许多人却欺骗自己:"假不假是他的事,善不善良是我的事。"殊不知这不仅是把自己的血汗钱供给了远比自己富裕的人,更为极端的是,有犯罪分子因为看到其中的利益而去贩卖儿童,故意致其伤致残来博取同情心,这些都是真实存在的状况。

又比如,在一段时间里社交传媒中甚嚣尘上的"呼吁贩卖儿童一律死刑",也是"自以为善良"的举动。假如这一条呼吁成真,才是社会的灾难。

任举三点原因:

一、死刑不是万能钥匙,它的威慑力没有你想象的那么大。从先秦时代就有死刑,但杀人犯、纵火犯、贪官污吏、毒枭杀手到 21 世纪也没有消失。因为更大的风险可能催生更大的利益,利益足够大的时候多大风险也不怕,就像前文中我们引用马克思的话:"如果有 100% 的利润,资本就敢于冒绞首的危险;如果有 300% 的利润,资本就敢于践踏人间一切法律。"

二、一律死刑会让这些案件变得更加惨烈。如果人贩子面临的是像贩毒一样的几乎必死的风险,那么人贩子在面对警察时一定会拼死抵抗,即使被抓了也没有必要交代孩子的

219

去向。因为之前还有争取宽大处理的机会,现在则横竖都是一死。

三、贩卖儿童一律死刑会打乱法律的体系。即便是故意杀人罪,还要"视情节轻重"而有所区别。刑法第 240 条已经规定,贩卖儿童最严重是可以处以死刑的,但如果改为"一律死刑",那更严重的犯罪又该如何处置呢?

一个国家法规、量刑的设置,都是经过深刻考虑和检验、复杂科学的程序而制定的。如果法律按照大家一时的情绪来变动,那等于没有法律。扪心自问,我们转发支持"贩卖儿童一律死刑",感觉自己是善良的、正义的,但是我们真的思考过之后的事情吗? 还是只是在宣泄自己对人贩子劣迹的愤怒呢?

所以说,在追求"诚"的过程中,需要时时用中道来纠正自己。我们追求诚,需要秉持中道;我们行中道,起点和终点又都是诚。中庸与诚,是不可分离的。

小人看不到人与人之间平等相待的可能,"专制者反面就是奴才——有权时无所不为,失势时即奴性十足"(鲁迅)。而做到了中庸与诚的君子,也就能做到"素其位而行",在上位,被人仰视,有更好的待遇,但不因此就骄傲自满。在下位,要承担更多细碎的事情,但不因此觉得怀才不遇就胡作非为。在任何位置上都能做好自己,不因为外在的环境而迷乱本心。同时,具有德行上的"明"和智慧上的"哲",能认清形势,保全自己。

"明哲保身"这一成语就来自《诗经·大雅·烝民》这一篇。这本来是极高的称赞,只是到后世跟"中庸"这个词一样,产生了褒贬意义的变化,很多时候用来形容因为害怕连累自己而逃避矛盾。这已经变了味。

《中庸》第二十八章

[原文]　　　子曰:"愚而好自用,贱而好自专,生乎今之世,反古之道。如此者,灾及其身者也。

"非天子,不议礼,不制度,不考文。今天下车同轨,书同文,行同伦。虽有其位,苟无其德,不敢作礼乐焉;虽有其德,苟无其位,亦不敢作礼乐焉。"

子曰:"吾说夏礼,杞不足征也;吾学殷礼,有宋存焉;吾学周礼,今用之,吾从周。"

[译文]　　　孔子说:"愚昧而自以为是,卑贱却独断专行,生在当今却要返回到古时的道路上。这么做,一定会有灾难降临到他身上。

"若非有德的天子,就不要想着议定礼制,不要想着制定法度,不要想着考订文字。现在天下车子的轮距一致,文字的字体一致,伦理规矩一致。虽有相应的地位,若是没有相应的德行,是不敢制礼作乐的;虽有相应的德行,若是没有相应的地位,也是不敢制礼作乐的。"

孔子说:"我述说夏朝的礼制,而在夏朝后裔的杞国已经不足以验证它了;我学习商朝的礼制,还有商朝的后裔宋国保存着;我学周朝的礼制,现在还在实行之中,所以我遵从周礼。"

[通解]　　　　朱熹认为本章是"承上章'为下不倍'而言"。

智慧上不足的人,还不去学习,有好的榜样也不去追随,非得要自作主张;地位上低下的人,还听不进去别人的意见,非得要独断专行;明明生活在当下,非得按照古人的生活方式来生活——这三种情况,都免不了要遭受灾难。

程颐认为,这三点都是针对"制礼作乐"这一国家大事来说的:

> 无德为愚,无位为贱。有位无德,而作礼乐,所谓"愚而好自用";有德无位,而作礼乐,所谓"贱而好自专";生周之世,而从夏、殷之礼,所谓"居今世,返古之道"。三者有一焉,取灾之道也。(《二程集》)

第二段针对前两种情况讲,只有达到了至圣境界的天子,如尧、舜、周公等,既有盛德,又有尊位,方才具有"议礼""制度"和"考文"的资格。大部分情况下,要么是没有足够德行的"愚人",要么是没有地位的"贱人"(孔子就说自己"吾少也贱,故多能鄙事"),都没有制礼作乐的资格。

第三段引用孔子的话,解释第三种情况。关于"古"的问题,可能不少人都觉得孔子是非常推崇"古"的呀,他还说自己"信而好古",这里怎么又说"反古之道"是不好的呢?其实我们仔细分析,"好古"与"反古"是有很大区别的。孔子好古,是通过了解古代,以历史的视角来观察当下。日本学者宫崎市定就指出,在诸子百家中,儒家的强大,重要的一点就在于儒家对历史的了解和重视:

> 那么为什么儒教(从汉代起)能够压倒其他学派而获得胜利呢?其实还是因为儒教学问本身有着足以占据优势的特点吧,最大的长处即以历史学为基础。老庄尊崇无为自然,排斥人为,因而没有历史学;墨子之学只有《尚书》而没有《春秋》,也就是说有古代史而没有中世以后的历史;战国纵横家之学,只有近世史而没有古代史。但儒学在古代有夏商周三代的全盛期,其后有春秋,而春秋末期是孔子的时代,之后有孟子、荀子等学者接续,一直到达现代史。拥有这种连贯的历史体系的只有儒教。换言之,只有儒教能够教给人们中国是什么,以及中国应该是什么样。(《宫崎市定中国史》)

儒家这种"好古"的观念,跟我们今天学习历史、回顾过往的目的是一致的,最终落脚点在给今天提供参考、完善今天。而"反古"的意思,则是无视时代的发展,认为古代好过今天,生搬硬套古代的一切,而这和本书一开头就提到的儒家讲究因时而变的"时中"是相矛盾的。不论是汉代的王莽生硬模仿周代的改革,还是袁世凯在民国妄图恢复帝制,古往今来,已经有无数例子证明,无视时代变化的"反古",必将被时代的浪潮"拍在沙滩上"。

1915 年 12 月,袁世凯称帝祭天

《论语》中有与本段类似的记载:

> 子曰:"夏礼,吾能言之,杞不足征也;殷礼,吾能言之,宋不足征也。文献不足故也。足,则吾能征之矣。"(《论语·八佾》)

都是指出夏、商两代的制度已经模糊不清了, 盲目追求"反古"肯定会遭遇失败, 还是当下实行的周礼最合乎当下的社会生活与环境。

《中庸》第二十九章

[原文]　　　　王天下[1]有三重焉, 其寡过矣乎! 上焉者虽善无征[2], 无征不信, 不信民弗从; 下焉者虽善不尊, 不尊不信, 不信民弗从。

故君子之道: 本诸身, 征诸庶民, 考诸三王而不缪, 建诸天地而不悖, 质诸鬼神而无疑, 百世以俟[3]圣人而不惑。质诸鬼神而无疑, 知天也; 百世以俟圣人而不惑, 知人也。

是故君子动而世为天下道, 行而世为天下法, 言而世为天下则。远之则有望, 近之则不厌。诗曰: "在彼无恶, 在此无射; 庶几夙夜, 以永终誉!"[4]君子未有不如此而蚤有誉于天下者也。

[注释]　　　　[1]王(wàng)天下: 领导天下。王, 称王, 动词。

[2]征(zhēng): 征兆, 验证。

[3]俟(sì): 待, 等待。

[4]此句引自《诗经·周颂·振鹭》。射(yì), 厌恶, 讨厌。

225

[译文]　　　称王天下，如果做好了议定礼制、制定法度、考订文字这三件大事，那就很少会有过失了。前代的制度虽好，但是没有切实的验证，这就不能让人信服。不能让人信服，百姓就不会遵从。身为圣人但处在下位的人虽然有美德，但是没有尊贵的地位，这就不能让人信服。不能让人信服，百姓也不会遵从。

　　因此君子治理天下，要以自身具有的德行为根本，并在黎民百姓那里得到验证和信任，考察夏、商、周三代圣王的制度而没有冲突之处，立于天地之间而没有悖逆自然的地方，卜问鬼神也没有可疑的地方，等到百代之后再有圣人降世也不会产生疑惑。卜问鬼神而无疑，这是因为明晓天理；百代后的圣人也没有疑惑，这是因为明晓人道。

　　所以君子的举动，可以世世代代为人们所遵行；君子的行为，可以世世代代作为天下的法度；君子的言语，可以世世代代作为天下的准则。远方的人民仰望他，近处的人民也从没感到过厌倦。《振鹭》说："在彼方没有人憎恶，在此地没有人厌烦；日日夜夜勤于政事，永远保持好声誉。"君王无不是这样做的，因此早早就在天下享有盛名。

[通解]　　　朱熹认为本章是"承上章'居上不骄'而言"。

　　对于这里的"上焉者"和"下焉者"，郑玄认为上焉者指"君"，下焉者指"臣"。朱熹则认为：

上焉者,谓时王以前,如夏、商之礼虽善,而皆
不可考。下焉者,谓圣人在下,如孔子虽善于礼,而
不在尊位也。

上焉者,是指时间的"上"——周代以前的夏、商,他们的制度
已经只存在于文字上了,老百姓不能直接目睹它们的作用,
也就不可能去遵从了。下焉者,是指地位上的"下"——地位
低的圣人,譬如孔子,虽然有盛德,但没有尊位。没有很高的
社会地位就会受到老百姓的质疑,也就没法引领人民追随。
与上章的意思一致,王天下之人,需要同时具备德行上的崇
高和地位上的尊贵。

这里需要联系到上一段讲述的"至诚之道"。上一段讲
述的是哲学层面:至诚之道所能达到的与天地万物精神相通
的玄妙境界。本段最终归结到人类社会:行至诚之道的圣
人,通过议定礼制、制定法度、考订文字等等大小方法,将这
种与天地万物相通的精神施展到人类社会中。天人合一,于
人道中体现天道。如同《周易》中所形容的:

大人者,与天地合其德,与日月合其明,与四时
合其序,与鬼神合其吉凶。先天而天弗违,后天而
奉天时。天且弗违,而况于人乎? 况于鬼神乎?
(《易经·文言》)

不论任何时间、空间、实体、虚幻中,都没有冲突,达到了《中庸》第一章"致中和,天地位,万物育"的境界。

◎贯通上下文

从第二十四章至第二十九章,以上两节,从至诚之心所能达到的境界,讲到至圣之人对人类社会的引领作用。

以下一节,从第三十章至第三十二章,承续上文。以先师孔子为例,又从讲述圣人的德行,回溯到化育天下的境界中,进而完结全文。

第五节 道之极致

《中庸》第三十章

[原文] 仲尼祖述尧、舜,宪章文、武;上律天时,下袭水土。辟如天地之无不持载,无不覆帱[1],辟如四时之错行,如日月之代明。万物并育而不相害,道并行而不相悖,小德川流,大德敦化,此天地之所以为大也。

[注释] [1]覆帱(dào):覆盖。帱,帐子。

[译文]　　　孔子远则阐发尧、舜之道,近则遵循文王、武王,上则效法自然之运行,下则顺应具体之水土。就像皇天后土一样承载一切覆盖一切,就像四季一样交错运行,就像日月一样交替光明。万物共同发育而互不妨害,道路同时并行而互不冲突。小的德行像百川流淌不息,大的德行使万物淳朴化育,这也就是天地之所以伟大的原因。

[通解]　　　各种思想流派与宗教思想的开创之人,都必有其远超常人之一面。而在他们身后,由于种种原因,后人无力全然继承其思想与能力的全部,便产生了各有所长的流派或是教派的分化:孔子之后,儒分为八;墨子之后,墨分为三;耶稣之后,基督教有天主教、东正教与新教;穆罕默德之后,伊斯兰教有逊尼派、什叶派;佛祖之后,佛教有大乘、小乘。但不论思想如何流变,后学对创始人的尊崇与学习是不变的。而我们今天为了理解其思想而进行的学习,则要剥去后人的附会——例如东汉时将孔子、儒学神学化,说孔子"长十尺,大九围,坐如蹲龙,立如牵牛,就之如昂,望之如斗""胸文曰'制作定世符运'",这些显然是荒诞不经的浮说——拂去沉沙,才能发现现象背后的思想光辉。

孔子的思想与事迹,在此我们不再赘述。本章所强调的,是孔子的"祖述"与"宪章"、合了天时与地利的作为。这是他的文化观,也是他继承并更新古代文化的写照。唯其继承,才成就了他的博大。

229

另一方面,孔子作为儒家学派的创始人,他虽然反复否定自己,承认自己的不足,但这是出于儒家慎重对待自己、反省自己的要求。客观来看,孔子对上"述而不作,信而好古",对下广收门徒、周游列国,将上古与后世的文化勾连了起来:

> 先孔子而圣者,非孔子无以明;后孔子而圣者,非孔子无以法。

孔子不愧为在他之后的整个中华民族的精神导师。所以这里盛赞作为圣人的孔子,大德如天地,化成天下。

《中庸》第三十一章

[原文]　　唯天下至圣,为能聪明睿知,足以有临也;宽裕温柔,足以有容也;发强刚毅,足以有执也;齐庄[1]中正,足以有敬也;文理密察,足以有别也。

溥[2]博渊泉,而时出之。溥博如天,渊泉如渊。见而民莫不敬,言而民莫不信,行而民莫不说[3]。是以声名洋溢乎中国,施及蛮貊[4],舟车所至,人力所通,天之所覆,地之所载,日月所照,霜露所队[5],凡有血气者,莫不尊亲,故曰配天。

[注释]　　　　[1]齐(zhāi)庄:虔敬庄严的样子。

　　　　　　　[2]溥:普遍,广大。

　　　　　　　[3]说(yuè):同"悦",欢愉。

　　　　　　　[4]蛮貊(mò):指当时远离中原文明的偏远部族。

　　　　　　　[5]队(zhuì):同"坠",落下。

[译文]　　　　唯有天下至圣之人,方能聪明睿智,足以君临天下;宽宏
温厚,其仁足以包容万事;坚毅刚健,其义足以决断要事;肃
穆庄重,其礼足以受人敬爱;周密明察,其智足以明辨是非。

　　　　　　至圣的德行广博而深沉,时时表现于外。其广博如天
空,其深沉如潭水。人们见到他的仪容,没有不尊重的;对于
他的言语,没有不相信的;对于他的政策,没有不欢悦的。因
此他的盛名传遍中原,一直到边地的未开化民族那里。车船
所到之处,人力所达之境,天所覆盖的、地所承载的、日月所
照耀的、霜露所降临的地方,凡是有血气的人,无不尊敬爱戴
他。所以说至圣的美德与天相配。

[通解]　　　　本章讲至圣之人将其德行施于人类社会中的表现。朱
熹认为,本章是"承上章而言'小德之川流'"。

《中庸》第三十二章

[原文]　　唯天下至诚,为能经纶[1]天下之大经,立天下之大本,知天地之化育。夫焉有所倚? 肫肫[2]其仁! 渊渊其渊! 浩浩其天! 苟不固聪明圣知达天德者,其孰能知之?

[注释]　　[1]经纶:纺织上的动作,引申为筹划经营。

[2]肫肫(zhūn zhūn):诚恳真切的样子。

[译文]　　唯有天下至诚之人,方能掌握治理天下的总原则,建立天下的根本道德,知晓天地化育万物的道理。除了至诚之外,难道还要再倚靠什么? 至诚之人,他的仁德敦厚诚恳,他的思维沉静深邃,他的化育万物的胸怀广阔浩荡。如果不是聪明睿智、通达天德的人,还有谁能体会到这种境界呢?

[通解]　　本章从具体的至圣之人讲到抽象的至诚之心,朱熹认为本章是"承上章而言'大德之敦化'",并指出至此而收束全篇:

前章言至圣之德,此章言至诚之道。然至诚之道,非至圣不能知;至圣之德,非至诚不能为,则亦

非二物矣。此篇言圣人天道之极致,至此而无以
加矣。

只有至圣可以明白至诚之道,也只有至诚,可以做到至
圣之德。这是不能分割的一体两面。到本章,诚与圣的神妙
力量已经达于极致,文章表达得也完备清楚,关于"诚"的部
分至此已经无以复加,自然而然地完结。

第六节　下学上达　春风化雨

一般说来,文章至高潮处结尾即可。但《中庸》在上文之
后又有一章,朱熹注解说:

> 子思因前章极致之言,反求其本,复自下学为
> 己谨独之事,推而言之,以驯致乎笃恭而天下平之
> 盛。又赞其妙,至于无声无臭,而后已焉。
> 盖举一篇之要,而约言之。其反复丁宁示人之
> 意,至深切矣。学者其可不尽心乎!

在前文形容的迄于极致的玄妙之后,本章复归于平常心,谨
防读者在修行未到时就被这些极致的形容吸引,偏离到故弄
玄虚和装神弄鬼的邪路上去——这一安排本身就是一种"极

高明而道中庸"。

　　最后一章,引《诗》说理,回顾君子之道的基本。褪去浮光,冷静心灵,以中庸之道最基本的要点反复叮咛,对读者可以说是苦口婆心。

《中庸》第三十三章

[原文]　　　　诗曰"衣[1]锦尚䌹[2]",恶其文之著也。故君子之道,暗然而日章;小人之道,的然[3]而日亡。君子之道:淡而不厌,简而文,温而理,知远之近,知风之自,知微之显,可与入德矣。

[注释]　　　　[1]衣(yì):这里作动词用,指穿衣。

　　　　　　　[2]䌹(jiǒng):褧,套在身外的粗麻布制单衣。

　　　　　　　[3]的(dì)然:鲜艳的样子。

[通解]　　　　《诗经》中说"身穿锦绣衣服,外面再穿一件粗麻外套",这是不喜欢锦衣花纹太过显眼。君子之道与此一样,表面黯淡无光却日渐彰显出来;小人之道,看似光鲜亮丽却一天天不断消亡。君子之道,平淡而不让人厌倦,简约而有文采,温和而讲原则。知晓远方是从近处开始的,知晓风从何方来,知晓隐微如何发展成显明,这样便开始步入有德的境界了。

234

◎光华内秀

《诗经》中的《卫风·硕人》讲"衣锦褧衣",《郑风·丰》讲"衣锦褧衣,裳锦褧裳",不知本段的《诗》指哪一首,但意思上是一致的,而且这一点在《礼记》中就有有关记载,是周代礼制中的普遍做法,其目的都是尽量不在外物上夸耀自己,提醒人多关注精神,少关注物质。

从楚汉争霸的主角项羽与刘邦的故事,可以很好地看到,人是否能控制欲望常常是成败的关键。刘邦原本只是地方上没有文化的小官吏,在攻入咸阳后,迷醉在秦宫的奢华铺张的环境里,但是他能听从张良等人的建议,暂时克制欲望,退回霸上等待时机,并与关中父老"约法三章",赢得了民心。

项羽与刘邦正相反。范增已经警告项羽:曾经的刘邦贪财好色,这次却肯把咸阳吐出来,可见他有更大的图谋。项羽却自以为是,放过了"鸿门宴"上的大好时机。之后项羽进入咸阳:

> 居数日,项羽引兵西屠咸阳,杀秦降王子婴,烧秦宫室,火三月不灭,收其货宝妇女而东。人或说项王曰:"关中阻山河四塞,地肥饶,可都以霸。项王见秦宫室皆以烧残破,又心怀思欲东归,曰:"富贵不归故乡,如衣绣夜行,谁知之者!"说者曰:"人

言楚人沐猴而冠耳,果然。"项王闻之,烹说者。

(《史记·项羽本纪》)

项羽一是不知道民心所向,肆意劫掠、杀人、放火;二是被物欲所累,生怕"锦衣夜行",富贵不为人知;三是不听劝谏,几次错失良机;四是心胸狭窄,听不得批评。这些做法与刘邦相比高下立判。所以说项羽被情绪和物欲牵制,只有赢得一场战役的英勇,没有赢取整个天下的智慧。

所以君子修行自己,厚积薄发,不求一时的关注和赞扬;小人的生活,时时期待受到关注和艳羡,这样就容易被外物所羁绊。就像我们说奋斗与安逸的区别:"奋斗就是每一天都很难,但一年比一年容易;安逸就是每一天都很简单,但一年比一年艰难。"

此处还可以与第十一章"君子依乎中庸,遁世不见知而不悔"等处联系起来看。

◎风从何处来

"知远之近,知风之自,知微之显"三小句的意思,历来有不少说法。比如清代学者俞樾根据一些文献,将"风"解为"凡"、"自"解为"目",就变成了成对的概念:知道远与近、知道大凡与细目、知道微小与显著。有一定道理,但引申太远。

我们本处按照原文,讲君子之道,先认识到事物发展的可能和方向,尊重规律的存在,有意识地去把握规律,这是修

236

德的入门:

"知远之近",你要知道想通向远方,脚下应当从哪里开始。

"知风之自",你要知道眼前的困惑原因在哪里,当前的局面是如何形成的。

"知微之显",你要知道当下的"微"一旦发展为"显"是怎样一种结果。

《老子》中说"其微易散"。如果这个"微"是缺点,改掉它就不难;如果这个"微"是优点,就不妨"择善固执",以"至诚"之心去坚持。

[原文]　　　诗云:"潜虽伏矣,亦孔[1]之昭[2]。"故君子内省不疚,无恶于志。君子之所不可及者,其唯人之所不见乎。

[注释]　　　[1]孔:甚,很。

[2]昭:清楚,明显。

[译文]　　　《诗经·小雅·正月》中说:"(鱼儿)潜藏在水底,但是仍能看得清。"所以说君子自省没有歉疚,无愧于心。君子所高于常人的地方,就在于君子在人所不见的地方也慎独用功。

诗云:"相[1]在尔室,尚不愧于屋漏[2]。"故君子不动而敬,不言而信。

[注释]　　　[1]相:关注、注视。

　　　[2]屋漏:屋子的西北角。古时在此安放神主,相当于神明所在的地方。

[译文]　　　《诗经·大雅·抑》中说:"即使在自己家里也像被人所关注着,不愧对神明。"所以说君子行动之前,先存恭敬之心;说话之前,先存诚信之心。

明版《孔子圣迹图》之"杏坛礼乐",描绘了孔子晚年回到鲁国,在杏坛与众弟子教学相长、整理"六经"的场景

[通解]　　　以上两段,论述君子对自己的内心负责,强调自省慎独。可以与第一章"莫见乎隐,莫显乎微,故君子慎其独也"、第十

六章"如在其上,如在其左右"等内容联系起来。

[原文]　　　诗曰:"奏假[1]无言,时靡有[2]争。"是故君子不赏而民劝,不怒而民威于铁钺[3]。

[注释]　　　[1]奏假(gě):祭祀默祷。原诗为"鬷(zōng)假"。
　　　　　　[2]靡有:没有。
　　　　　　[3]铁钺(fū yuè):即"斧钺",古时执行军法用的大斧,这里引申指刑杀。

[译文]　　　《诗经·商颂·烈祖》中说:"在宗庙祭祀时大家默默祈祷,那个时代太平没有争斗。"所以说君子为政,不需要奖励,百姓也受教向善;不需要动怒,百姓的敬畏就比畏惧刑杀还要厉害。

[通解]　　　《论语》中说:

　　　　　　子曰:"道之以政,齐之以刑,民免而无耻。道之以德,齐之以礼,有耻且格。"(《论语·为政》)

先教后刑、教优于刑,是儒家一直坚持的基本且重要的政治观念。本段也可以与第十九章"明乎郊社之礼、禘尝之义,治国其如示诸掌"等内容联系起来。

[原文]　　　　诗曰:"不显^[1]惟德,百辟^[2]其刑^[3]之。"是故君子笃恭而天下平。

[注释]　　　　[1]不(pī)显:充分显示。不,通"丕",大。
　　　　　　　[2]辟:君主。
　　　　　　　[3]刑:同"型",典型,榜样。

[译文]　　　　《诗经·周颂·烈文》中说:"(天子)的功德充分展现,四方诸侯尽来效法。"所以说君子笃实恭敬,就能使天下太平。

[通解]　　　　这里的"刑",跟"君子怀刑,小人怀惠"(《论语·里仁》)一样,同"型",指君子要做出表率。本段强调的,还是至诚之心的巨大作用,可以与第二十九章"君子未有不如此而蚤有誉于天下者也"及《大学》等内容联系起来。

[原文]　　　　诗云:"予怀明德,不大声以色^[1]。"子曰:"声色之于以化民,末也。"

[注释]　　　　[1]声以色:声音和面色。以,和。

[译文]　　　　　《诗经·大雅·皇矣》中说："上天看重(文王的)明德，不用疾言厉色来驱使人民。"孔子说："用疾言厉色来教化民众，是下策末流。"

[通解]　　　　　本段与前面两段形容的情况相对，用德行和恭敬诚意来教化百姓，就是儒家理想中好的领导者。如果靠财货的赏赐和刑罚的威逼来推着百姓向前走，那就差得远了。

[原文]　　　　诗曰"德辅[1]如毛"，毛犹有伦[2]。"上天之载，无声无臭[3]"，至矣！

[注释]　　　　[1]辅(yóu)：本义是一种轻便的车，这里引申为轻。
　　　　　　　　[2]伦：比。
　　　　　　　　[3]臭(xiù)：气味。

[译文]　　　　　《诗经·大雅·烝民》中说"德行很轻盈，好比一根毫毛"，如毫毛一样，还是有形象可以比拟的。不如《大雅·文王》中说："上天化育万物，没有声音，也没有气味。"这才是至高的境界。

[通解]　　　　　前文反复形容了具有至诚精神的至圣，所能够达到的神妙境界。为了避免读者沦陷在其高妙之中，忘记了要脚踏实地而误入歧途，因此在《中庸》全文的最后再次强调：那些看

241

似花哨喧嚣、轰轰烈烈的事物,确实对人有一时的吸引力,但很快会被时间冲刷得无影无迹。如杜甫《春夜喜雨》中说"随风潜入夜,润物细无声",真正的德行,在涵养性灵、化育万物的过程中,是春风化雨、润物无声的。

对于当今的许多人来说,德行也好,经典也好,那些伟大的灵魂和思想也好,看似与他们的生活不相干,更有一些人"不知天命而不畏也,狎大人,侮圣人之言",可事实上,"人虽欲自绝,其何伤于日月乎? 多见其不知量也"(《论语·子张》)——人要跟日月断绝关系,日月会在乎吗? 只是看见谁不自量力罢了。

无论古今中外,第一流的伟大作品与思想永远都这么"无声无臭"地存在着。无论赞誉还是毁谤,它们并不在意。它们从来不需要我们,而只在我们需要它们时,为人类的未来举一把火,洒一道光。

附录一 《中庸》原文

第一章

天命之谓性,率性之谓道,修道之谓教。道也者,不可须臾离也,可离非道也。是故君子戒慎乎其所不睹,恐惧乎其所不闻。莫见乎隐,莫显乎微,故君子慎其独也。

喜怒哀乐之未发,谓之中;发而皆中节,谓之和。中也者,天下之大本也;和也者,天下之达道也。致中和,天地位焉,万物育焉。

第二章

仲尼曰:"君子中庸,小人反中庸。君子之中庸也,君子而时中;小人之中庸也,小人而无忌惮也。"

第三章

子曰:"中庸其至矣乎,民鲜能久矣!"

第四章

子曰:"道之不行也,我知之矣:知者过之,愚者不及也。道之不明也,我知之矣:贤者过之,不肖者不及也。人莫不饮食也,鲜能知味也。"

第五章

子曰:"道其不行矣夫!"

第六章

子曰:"舜其大知也与! 舜好问而好察迩言,隐恶而扬善,执其两端,用其中于民,其斯以为舜乎!"

第七章

子曰:"人皆曰予知,驱而纳诸罟擭陷阱之中,而莫之知辟也。人皆曰予知,择乎中庸,而不能期月守也。"

第八章

子曰:"回之为人也,择乎中庸,得一善,则拳拳服膺而弗失之矣。"

第九章

子曰:"天下国家可均也,爵禄可辞也,白刃可蹈也,中庸不可能也。"

第十章

子路问强。子曰:"南方之强与? 北方之强与? 抑而强与? 宽柔以教,不报无道,南方之强也,君子居之。衽金革,死而不厌,北方之强也,而强者居之。故君子和而不流,强哉矫！中立而不倚,强哉矫！国有道,不变塞焉,强哉矫！国无道,至死不变,强哉矫!"

第十一章

子曰:"素隐行怪,后世有述焉,吾弗为之矣。君子遵道而行,半涂而废,吾弗能已矣。君子依乎中庸,遁世不见知而不悔,唯圣者能之。"

第十二章

君子之道费而隐。夫妇之愚,可以与知焉,及其至也,虽圣人亦有所不知焉;夫妇之不肖,可以能行焉,及其至也,虽圣人亦有所不能焉。天地之大也,人犹有所憾。故君子语大,天下莫能载焉;语小,天下莫能破焉。诗云:"鸢飞戾天,鱼跃于渊。"言其上下察也。君子之道,造端乎夫妇;及其至也,察乎天地。

第十三章

子曰:"道不远人。人之为道而远人,不可以为道。诗云:'伐柯伐柯,其则不远。'执柯以伐柯,睨而视之,犹以为远。故君子以人治人,改而止。

"忠恕违道不远,施诸己而不愿,亦勿施于人。君子之道四,丘未能一焉:所求乎子,以事父未能也;所求乎臣,以事君未能也;所求乎弟,以事兄未能也;所求乎朋友,先施之未能也。庸德之行，庸言之谨，有所不足，不敢不勉，有余不敢尽；言顾行，行顾言，君子胡不慥慥尔！"

第十四章

君子素其位而行，不愿乎其外。素富贵，行乎富贵；素贫贱，行乎贫贱；素夷狄，行乎夷狄；素患难，行乎患难，君子无入而不自得焉。

在上位不陵下，在下位不援上，正己而不求于人则无怨。上不怨天，下不尤人。故君子居易以俟命，小人行险以徼幸。子曰："射有似乎君子，失诸正鹄，反求诸其身。"

第十五章

君子之道，辟如行远必自迩，辟如登高必自卑。诗曰："妻子好合，如鼓瑟琴；兄弟既翕，和乐且耽；宜尔室家，乐尔妻帑。"子曰："父母其顺矣乎！"

第十六章

子曰："鬼神之为德，其盛矣乎！视之而弗见，听之而弗闻，体物而不可遗。使天下之人齐明盛服，以承祭祀。洋洋乎！如在其上，如在其左右。诗曰：'神之格思，不可度思！矧可射思！'夫微之显，诚之不可掩如此夫。"

第十七章

子曰:"舜其大孝也与! 德为圣人,尊为天子,富有四海之内。宗庙飨之,子孙保之。故大德必得其位,必得其禄,必得其名,必得其寿。故天之生物,必因其材而笃焉。故栽者培之,倾者覆之。诗曰:'嘉乐君子,宪宪令德! 宜民宜人,受禄于天,保佑命之,自天申之!'故大德者必受命。"

第十八章

子曰:"无忧者,其惟文王乎! 以王季为父,以武王为子,父作之,子述之。

"武王缵大王、王季、文王之绪,壹戎衣而有天下,身不失天下之显名,尊为天子,富有四海之内,宗庙飨之,子孙保之。

"武王末受命,周公成文、武之德,追王大王、王季,上祀先公以天子之礼。斯礼也,达乎诸侯大夫,及士庶人。父为大夫,子为士,葬以大夫,祭以士。父为士,子为大夫,葬以士,祭以大夫。期之丧达乎大夫,三年之丧达乎天子,父母之丧无贵贱一也。"

第十九章

子曰:"武王、周公,其达孝矣乎! 夫孝者,善继人之志,善述人之事者也。春秋修其祖庙,陈其宗器,设其裳衣,荐其时食。宗庙之礼,所以序昭穆也;序爵,所以辨贵贱也;序事,所以辨贤也;旅酬下为上,所以逮贱也;燕毛,所以序齿也。

"践其位,行其礼,奏其乐,敬其所尊,爱其所亲,事死如事生,事亡如事存,孝之至也。

"郊社之礼,所以事上帝也;宗庙之礼,所以祀乎其先也。明乎郊社之礼、禘尝之义,治国其如示诸掌乎!"

第二十章

哀公问政。子曰:"文、武之政,布在方策。其人存,则其政举;其人亡,则其政息。人道敏政,地道敏树。夫政也者,蒲卢也。故为政在人,取人以身,修身以道,修道以仁。仁者人也,亲亲为大;义者宜也,尊贤为大。亲亲之杀,尊贤之等,礼所生也。在下位不获乎上,民不可得而治矣! 故君子不可以不修身;思修身,不可以不事亲;思事亲,不可以不知人;思知人,不可以不知天。"

天下之达道五,所以行之者三:曰君臣也,父子也,夫妇也,昆弟也,朋友之交也,五者天下之达道也。知、仁、勇三者,天下之达德也。所以行之者一也。或生而知之,或学而知之,或困而知之,及其知之一也;或安而行之,或利而行之,或勉强而行之,及其成功一也。

子曰:"好学近乎知,力行近乎仁,知耻近乎勇。知斯三者,则知所以修身;知所以修身,则知所以治人;知所以治人,则知所以治天下国家矣。"

凡为天下国家有九经,曰:修身也,尊贤也,亲亲也,敬大臣也,体群臣也,子庶民也,来百工也,柔远人也,怀诸侯也。

修身则道立,尊贤则不惑,亲亲则诸父昆弟不怨,敬大臣则不眩,体群臣则士之报礼重,子庶民则百姓劝,来百工则财用足,柔远人则四方归之,怀诸侯则天下畏之。

齐明盛服,非礼不动,所以修身也;去谗远色,贱货而贵德,所以劝贤也;尊其位,重其禄,同其好恶,所以劝亲亲也;官盛任使,所以劝大臣也;忠信重禄,所以劝士也;时使薄敛,所以劝百姓也;日省月试,既禀称事,所以劝百工也;送往迎来,嘉善而矜不能,所以柔远人也;继绝世,举废国,治乱持危,朝聘以时,厚往而薄来,所以怀诸侯也。凡为天下国家有九经,所以行之者一也。

凡事豫则立,不豫则废。言前定则不跲,事前定则不困,行前定则不疚,道前定则不穷。

在下位不获乎上,民不可得而治矣。获乎上有道:不信乎朋友,不获乎上矣。信乎朋友有道:不顺乎亲,不信乎朋友矣。顺乎亲有道:反诸身不诚,不顺乎亲矣。诚身有道:不明乎善,不诚乎身矣。

诚者,天之道也;诚之者,人之道也。诚者不勉而中,不思而得,从容中道,圣人也。诚之者,择善而固执之者也。

博学之,审问之,慎思之,明辨之,笃行之。有弗学,学之弗能弗措也;有弗问,问之弗知弗措也;有弗思,思之弗得弗措也;有弗辨,辨之弗明弗措也;有弗行,行之弗笃弗措也。人一能之己百之,人十能之己千之。果能此道矣,虽愚必明,虽柔必强。

第二十一章

自诚明,谓之性。自明诚,谓之教。诚则明矣,明则诚矣。

第二十二章

唯天下至诚,为能尽其性;能尽其性,则能尽人之性;能尽人之性,则能尽物之性;能尽物之性,则可以赞天地之化育;可以赞天地之化育,则可以与天地参矣。

第二十三章

其次致曲。曲能有诚,诚则形,形则著,著则明,明则动,动则变,变则化。唯天下至诚为能化。

第二十四章

至诚之道,可以前知。国家将兴,必有祯祥;国家将亡,必有妖孽。见乎蓍龟,动乎四体。祸福将至:善,必先知之;不善,必先知之。故至诚如神。

第二十五章

诚者自成也,而道自道也。诚者物之终始,不诚无物。是故君子诚之为贵。诚者非自成己而已也,所以成物也。成己,仁也;成物,知也。性之德也,合外内之道也,故时措之宜也。

第二十六章

故至诚无息。不息则久,久则征,征则悠远,悠远则博厚,博厚则高明。博厚,所以载物也;高明,所以覆物也;悠久,所以成物也。博厚配地,高明配天,悠久无疆。如此者,不见而章,不动而变,无为而成。

天地之道,可一言而尽也:其为物不贰,则其生物不测。天地之道:博也,厚也,高也,明也,悠也,久也。

今夫天,斯昭昭之多,及其无穷也,日月星辰系焉,万物覆焉。今夫地,一撮土之多,及其广厚,载华岳而不重,振河海而不泄,万物载焉。今夫山,一卷石之多,及其广大,草木生之,禽兽居之,宝藏兴焉。今夫水,一勺之多,及其不测,鼋鼍、蛟龙、鱼鳖生焉,货财殖焉。

诗云:"惟天之命,於穆不已!"盖曰天之所以为天也。"於乎不显!文王之德之纯!"盖曰文王之所以为文也,纯亦不已。

第二十七章

大哉圣人之道!洋洋乎!发育万物,峻极于天。优优大哉!礼仪三百,威仪三千。待其人而后行。

故曰苟不至德,至道不凝焉。故君子尊德性而道问学,致广大而尽精微,极高明而道中庸。温故而知新,敦厚以崇礼。

是故居上不骄,为下不倍,国有道其言足以兴,国无道其默足以容。诗曰"既明且哲,以保其身",其此之谓与!

第二十八章

子曰:"愚而好自用,贱而好自专,生乎今之世,反古之道。如此者,灾及其身者也。

"非天子,不议礼,不制度,不考文。今天下车同轨,书同文,行同伦。虽有其位,苟无其德,不敢作礼乐焉;虽有其德,苟无其位,亦不敢作礼乐焉。"

子曰:"吾说夏礼,杞不足征也;吾学殷礼,有宋存焉;吾学周礼,今用之,吾从周。"

第二十九章

王天下有三重焉,其寡过矣乎! 上焉者虽善无征,无征不信,不信民弗从;下焉者虽善不尊,不尊不信,不信民弗从。

故君子之道:本诸身,征诸庶民,考诸三王而不缪,建诸天地而不悖,质诸鬼神而无疑,百世以俟圣人而不惑。质诸鬼神而无疑,知天也;百世以俟圣人而不惑,知人也。

是故君子动而世为天下道,行而世为天下法,言而世为天下则。远之则有望,近之则不厌。诗曰:"在彼无恶,在此无射;庶几夙夜,以永终誉!"君子未有不如此而蚤有誉于天下者也。

第三十章

仲尼祖述尧、舜,宪章文、武;上律天时,下袭水土。辟如天地之无不持载,无不覆帱,辟如四时之错行,如日月之代明。万物并育而不相害,道并行而不相悖,小德川流,大德敦化,此天地之所以为大也。

第三十一章

唯天下至圣,为能聪明睿知,足以有临也;宽裕温柔,足以有容也;发强刚毅,足以有执也;齐庄中正,足以有敬也;文理密察,足以有别也。

溥博渊泉,而时出之。溥博如天,渊泉如渊。见而民莫不敬,言而民莫不信,行而民莫不说。是以声名洋溢乎中国,施及蛮貊,舟车所至,人力所通,天之所覆,地之所载,日月所照,霜露所队,凡有血气者,莫不尊亲,故曰配天。

第三十二章

唯天下至诚,为能经纶天下之大经,立天下之大本,知天地之化育。夫焉有所倚? 肫肫其仁! 渊渊其渊! 浩浩其天! 苟不固聪明圣知达天德者,其孰能知之?

第三十三章

诗曰"衣锦尚绚",恶其文之著也。故君子之道,暗然而日章;小人之道,的然而日亡。君子之道:淡而不厌,简而文,温而理,知远之近,知风之自,知微之显,可与入德矣。

诗云:"潜虽伏矣,亦孔之昭。"故君子内省不疚,无恶于志。君子之所不可及者,其唯人之所不见乎。

诗云:"相在尔室,尚不愧于屋漏。"故君子不动而敬,不言而信。

诗曰:"奏假无言,时靡有争。"是故君子不赏而民劝,不怒而民威于铁钺。

诗曰:"不显惟德,百辟其刑之。"是故君子笃恭而天下平。

诗云:"予怀明德,不大声以色。"子曰:"声色之于以化民,末也。"

诗曰"德辎如毛",毛犹有伦。"上天之载,无声无臭",至矣!

附录二 延伸书目

[1] 杨伯峻 译注:《论语译注》,中华书局

[2] 杨朝明 主编:《论语诠解》,山东友谊出版社

[3] 杨伯峻 译注:《孟子译注》,中华书局

[4] (宋)朱熹 撰:《四书章句集注》,中华书局

[5] 杨朝明、宋立林 主编:《孔子家语通解》,齐鲁书社

[6] 李民、王健 译注:《尚书译注》,上海古籍出版社

[7] 程俊英 撰:《诗经译注》,上海古籍出版社

[8] 黄寿祺、张善文 撰:《周易译注》,上海古籍出版社

[9] 杨天宇 撰:《礼记译注》,上海古籍出版社

[10] 沈玉成 译:《左传译文》,中华书局

[11] 汪受宽 撰:《孝经译注》,上海古籍出版社

[12] 陈鼓应 著:《老子注译及评介》,中华书局

[13] 陈鼓应 著:《庄子今注今译》,商务印书馆

[14] 孙中原 撰:《墨子解读》,中国人民大学出版社

[15] 王钧林、周海生 译注:《孔丛子》,中华书局

[16] 张万起、刘尚慈 译注:《世说新语译注》,中华书局

[17] (清)刘宝楠 撰:《论语正义》,中华书局

[18] (清)焦循 撰:《孟子正义》,中华书局

[19] (清)王先慎 撰:《荀子集解》,中华书局

[20] (清)马瑞辰 撰:《毛诗传笺通释》,中华书局

[21] (清)孙希旦 撰:《礼记集解》,中华书局

［22］十三经注疏整理委员会 整理:《十三经注疏》(十三种),北京大学出版社

［23］黄怀信、张懋镕、田旭东 撰:《逸周书汇校集注》,上海古籍出版社

［24］(宋)朱熹 集注:《宋本大学章句 宋本中庸章句》,国家图书馆出版社

［25］(魏)王弼 注:《老子道德经注校释》,中华书局

［26］(清)郭庆藩 撰:《庄子集释》,中华书局

［27］(清)孙诒让 撰:《墨子间诂》,中华书局

［28］(清)王先慎 撰:《韩非子集解》,中华书局

［29］(宋)黎靖德 编:《朱子语类》,中华书局

［30］(宋)程颢、程颐 著:《二程集》,中华书局

［31］(明)王阳明 著,邓艾民 注:《传习录注疏》,上海古籍出版社

［32］(汉)司马迁 撰:《史记》,中华书局

［33］(汉)班固 撰:《汉书》,中华书局

［34］徐元浩 撰,王树民、沈长云 点校:《国语集解》,中华书局

［35］(汉)刘向 集录,范祥雍 笺证:《战国策笺证》,上海古籍出版社

［36］逯钦立 辑校:《先秦汉魏晋南北朝诗》,中华书局

后　　记

《中庸》之书,萌于孔子,子思书之,汉代编定,朱子光大之。

《中庸》"举世流通,文约义富",此语原为明代高僧智旭对《心经》之评判。程颐讲《中庸》为"孔门传授心法",《中庸》在儒家思想中的地位,恰如《心经》在汉传佛教中的地位——不仅文辞简约,意蕴深厚,流传广泛,更重要的是阐释了一种认识世界、改造世界的方式与方法,堪称"总纲"与"枢纽"。

在本书中,我们透过对《中庸》本文的通解,讲述了"中道"的来历与传承,《中庸》的作者、时代、文章结构,"用中"的方法与表现,先秦儒家的宇宙观、天下观、价值观、人生观,奋斗的历程与方法,治国的次序与重点;述及了儒家的圣贤崇拜,对人的层次的认识,对宗教、鬼神与未知、祖先与历史的态度;也兼及了阅读传统经典的态度与方法、不同思想文明的比较与交流等问题。

在对《中庸》的解读中,我们尽量以先秦儒家典籍为佐证,而较少引用宋明理学家的阐发。我们认为,当今阅读经典的第一义在于从头断认、正本清源,以先秦两汉"原典"为尚。至如理学、心学等后世发展,读者也需基于先秦两汉之

257

根底,方能加以考量与审视。

中庸之道,在中华文明已经发端,更是全人类共同的精神财富。

中华"尚中"思想,可谓源远流长。放眼整个中华文明,无论人生理念、制度设计,或是文字、宫室、艺术等等,处处可见"求中""尚中"思想的影响。又或者,"中国"之名,便足以说明一切了。

放眼整个人类文明,虽不像中国传统文化那样标举"中道"的大旗,但也时有睿智的目光,能够发觉"用中"的力量:

> 我很同意人们把我安置在这里,而且我拒绝居于下端,并非因为它在下面,而是因为它是一端;因此我也要同样地拒绝把我放置在上面。脱离了中道就是脱离了人道。人的灵魂的伟大就在于懂得把握中道;伟大远不是脱离中道,而是绝不要脱离中道。(帕斯卡尔)

> 不要停在平原,不要登上高山。从半山上看,世界显得最美。(尼采)

人能弘道,非道弘人。程颐说:"颐自十七八读《论语》,当时已晓文义。读之愈久,但觉意味深长。"对于我们传统的思想经典——尤其是《中庸》——的阅读就是如此。疏通文字,理解句子,只是入门。择善固执,着力于实地,方是行道。

在某些时刻,当我们忽然回想到此处可以对照古人言语,或是在重读古人文章之时于其中看到了自己,这时,我们可能方才真正开始了理解经典,与圣贤同行。

杨传召

2017 年 6 月 8 日

于曲阜师范大学